DE LA
RÉFORME PARLEMENTAIRE

EN FRANCE

PAR

SÉVERIN DE LA CHAPELLE

GUINGAMP

LIBRAIRIE P. LE GOAZIOU

Place du Centre, 39

PARIS

LIBRAIRIE F. PICHON

24, rue Soufflot, 24

1897

DE LA

RÉFORME PARLEMENTAIRE

EN FRANCE

De la

RÉFORME PARLEMENTAIRE

EN FRANCE

PAR

SÉVERIN DE LA CHAPELLE

GUINGAMP   PARIS

LIBRAIRIE P. LE GOAZIOU   LIBRAIRIE F. PICHON

39, Place du Centre, 39   24, rue Soufflot, 24

1897

De la

RÉFORME PARLEMENTAIRE

EN FRANCE

§ Ier

La Révolution Française de 1789, s'est produite à l'heure prévue par la Providence, comme conséquence de la décrépitude, et de l'aveuglement du régime politique et social, sous lequel la France vivait alors, et qui n'avait pas su se transformer à temps.

Le pays souffrait des vices évidents de l'ancien régime, sans que les pouvoirs publics, ou les classes jusqu'alors dirigeantes, eussent trouvé les moyens pratiques d'y remédier.

Mais dans la nation toute entière, même parmi ceux qui profitaient d'un état de choses destiné à disparaître, il y avait un sentiment assez vif et assez net des vices et des fautes dont on portait le poids, pour qu'une opinion publique invincible se fut formée pour les reconnaître, d'une manière suffisamment précise, et pour vouloir en imposer le redressement.

En vertu de la loi providentielle et historique

des contrastes, qui est une des lois incontestables des évolutions progressives de l'humanité, le pays voulait, avec un instinct tout puissant, l'anéantissement des *causes* complexes et confuses des souffrances qu'il éprouvait. Malheureusement, le progrès, en vertu de la loi des contrastes, *instinctivement appliquée*, est, trop souvent simplement négatif ; il détruit des abus ; mais il ne détermine pas toujours des reconstructions. C'est ce que nos pères ont éprouvé.

Les abus de l'ancien régime étaient à la fois, sociaux et politiques ; la Révolution a eu, et devait avoir, par suite, un double caractère ; elle a été sociale, par l'abolition de la féodalité, des corporations, des maitrises, des jurandes, des biens de main-morte, des monopoles et des privilèges de toutes sortes, alors légalement existants. Comme telle, elle s'est résumée dans le principe nouveau de l'égalité de tous devant la loi, de l'accession égale de tous aux fonctions publiques, du droit égal de tous à la propriété, à l'industrie, au commerce, au travail. Le caractère général et dominant de la Révolution, au point de vue social, a été, en un mot, l'émancipation, aussi complète que possible, de l'individu, susceptible de comprendre et de respecter les lois sociales, providentielles, mais encore non écrites, ou mal comprises par les hommes, et considéré, sous ces lois, comme le seul fondement humain, sur lequel la société nouvelle allait s'édifier. Aujourd'hui, les conséquences sociales de la Révolution de 1789, grâce aux initiatives individuelles, qui, depuis lors ont pu se produire, malgré les défiances des pouvoirs officiels, se sont développées d'une manière assez éclatante, pour que parmi les détracteurs les plus systématiques de cette grande époque, (et je l'appelle grande non pour ce qu'elle a fait, mais pour ce qu'elle a cherché à faire, et surtout, parce qu'à ses débuts, elle a été religieuse, sincère et enthousiaste), personne ne pense plus à tenter de rétablir l'état de choses qu'elle a aboli.

Mais les conséquences des principes politiques que la Révolution Française a affirmés, et qu'elle a voulu appliquer, sont loin d'être acceptées par ceux qui en souffrent, avec la même résignation qu'ont eue la plupart des privilégiés d'alors ; elles ne sont plus présentées, par ceux qui les invoquent, avec la confiance naïve qu'ont eue nos pères, dans la facilité de la réalisation du but poursuivi par eux.

Politiquement, la Révolution a bien été aussi une application instinctive de la loi de la solidarité et de la balance des contrastes ; car les vices évidents de l'ancien régime étaient : l'omnipotence royale se traduisant par la maxime du bon plaisir ; la *minorité perpétuelle* de la nation, sous un gouvernement, *se disant de droit divin*, que la nation subissait sans l'avoir choisi ; l'absence complète, depuis deux cents ans, de représentation régulière du pays ; le défaut absolu de contrôle et de publicité, rendant possibles, et laissant impunis les abus les plus criants de l'autorité, à tous les degrés, et dans toutes les administrations.

Les principes politiques que la Révolution a fait prévaloir d'une manière indiscutable, sont : l'autorité de la loi *écrite et nettement définie*, remplaçant toute volonté personnelle et arbitraire ; le droit de la nation d'être constamment et régulièrement représentée par une ou plusieurs assemblées ; la nécessité d'un contrôle, toujours éveillé, contre les abus, quels qu'ils soient, du pouvoir. Ces principes sont bien en contraste avec les vices politiques de l'ancien régime ; et la loi historique, qui a logiquement amené le progrès social, se retrouve dans les affirmations politiques de la Révolution. Mais c'est surtout en politique, qu'il est vrai de dire, qu'il ne suffit pas de détruire un abus, qu'on voit clairement, et de proclamer un principe contraire, pour réaliser un bien solide et durable. On ne détruit définitivement que ce que l'on *sait remplacer* d'une manière efficace, après en avoir extirpé les dernières racines. Il faut, avec les principes nouveaux, trouver les méthodes, qui leur sont adéquates ou symétriques ; les principes nouveaux, avec de vieilles méthodes, c'est comme le vin nouveau dans de vieilles futailles ; le vin nouveau fait sauter les vieux vaisseaux ; sans les méthodes nouvelles nécessaires, les vieux abus renaissent même de leurs cendres. Au point de vue politique, il est permis d'affirmer que les abus que la Révolution a voulu détruire, et qu'elle a cru avoir abolis, pour jamais, dans la séance délirante du 4 août 1789, sont toujours vivaces, et qu'elle n'a point atteint le but légitime, que nos pères ont presqu'unanimement voulu, et auquel la France nouvelle ne cesse pas d'aspirer.

La Révolution visait, en effet, parmi ses buts complexes, à l'abolition du despotisme et de tout pouvoir politique, purement personnel. En quelques années, après l'abolition du pouvoir d'une royauté sans contrepoids et sans sérieux contrôle, elle a abouti au pouvoir odieusement tyrannique des comités anonymes de la convention, au despotisme du premier Empire, aux gouvernements plus ou moins personnels de la Restauration de 1830 et du deuxième Empire ; sous la deuxième République, elle n'a pu sauver l'ordre social que grâce à la dictature militaire du général Cavaignac ; sous la troisième, que grâce à la dictature civile de M. Thiers ; depuis 1875, elle ne peut maintenir un peu d'ordre précaire, que grâce à la prépondérance, de quelques personnalités absorbantes, dont l'action officielle ou occulte, fausse tous les ressorts d'un gouvernement régulier.

La reproduction constante des mêmes phéno-
mènes, dans l'histoire de la France, depuis 1789,
a nécessairement une même cause, et, lorsqu'on
veut bien aller au fond des évènements, pour en
chercher le sens caché, et les causes secrètes, il
est facile de s'apercevoir, que le principe de la
souveraineté nationale, justement proclamé par
nos pères, n'a reçu, au point de vue de la
méthode, qu'une application très rudimentaire.

L'abolition, en principe, de tout pouvoir qui
n'a pas sa source dans la volonté nationale,
vraiment impersonnelle, a eu, en effet pour
première conséquence, logique en apparence, de
ne plus laisser subsister, dans la conception
supérieure de l'état, et devant l'état impersonnel,
armé de la toute puissance de la loi et de la force
coercitive, que des individus, sans cohésion les
uns avec les autres, et sans aucune organisation
vivace, capable de les protéger contre le despotisme anonyme, et les erreurs possibles de la loi.
Ce sont ces individualités simples, elles-mêmes,
réunies par le seul hasard de leur naissance ou
de leur domicile, sur toute l'étendue indivisible
du territoire national, considérées comme ayant,
en principe, des droits et des devoirs égaux, dont
la volonté confuse et indirecte, a été, par leurs
mandataires directement élus, l'origine de la loi.
La souveraineté nationale, s'étant, d'après la
définition doctrinale de l'Assemblée constituante
de 1789, incarnée, idéalement, dans l'universalité
des français, le développement logique de la
Révolution a consisté, d'abord à écarter la
Royauté se disant de droit divin, comme elle a,
depuis, renversé tout pouvoir politique prétendant
à une supériorité de principe, de tradition,
d'origine, ou même de nécessité sociale sur elle ;
puis à appeler à l'exercice, infinitésimal pour
ainsi dire, du pouvoir souverain de l'Etat, par
l'extension du droit électoral, le plus grand

nombre d'individualités possibles, jusqu'à ce que avec le suffrage universel, tous les majeurs, non flétris par des condamnations judiciaires, soient devenus citoyens, et, par conséquent, membres de la souveraineté politique et collective du pays.

Mais, en appelant à la fonction politique l'universalité des français, la Révolution ne s'est pas suffisamment préoccupée des conditions méthodiques, qui doivent présider à l'organisation, soit d'un corps électoral, soit d'un corps législatif. Avant elle, dans les Assemblées représentatives françaises, on votait par ordres ; le vote du Tiers-Etat pouvait être, toujours annihilé, par le vote contraire des deux autres ordres, plus privilégiés que lui ; c'était le mal présent, dont on souffrait, et qu'on voulait détruire. Le doublement des députés du Tiers-Etat et le vote par tête, parurent alors, à tous les théoriciens des idées nouvelles, le remède naturel, instinctivement indiqué, pour anéantir tout despotisme, pour établir l'équilibre national, en répondant à l'idéal de justice et d'égalité, qui était dans les aspirations de tous. On crut, avec ces deux idées très simples, avoir réalisé un type d'assemblée politique, capable de répondre à toutes les difficultés qu'on avait à surmonter. Et quant au corps électoral nouveau qu'on appelait à la vie politique, les législateurs de 1789 le considérèrent comme suffisamment constitué, par cela seul qu'on était descendu aussi profondément que possible, dans les couches sociales, pour faire entrer dans le corps électoral, toutes les individualités simples qui devaient le composer. Ce corps ou plutôt, pour employer une expression plus juste, cette foule novice, impressionnable et houleuse, comme toutes les foules, tantôt calme et paisible comme elles, mais aussi tantôt affolée et terrible, se trouva subitement, par ses mandataires élus, en présence de tous les devoirs inconnus, de tous les labeurs, et de toutes les anxiétés de la vie politique. Il n'y a point à s'étonner que leur inexpérience ait égaré nos pères, et ait aveuglé leurs assemblées, alors surtout que les conséquences immédiates de leurs votes n'apparaissaient pas clairement comme révoltantes, en présence des droits personnels encore mal définis, qu'elles devaient léser. Les dangers de cette application instinctive du principe de la souveraineté nationale ne pouvaient pas tarder à frapper tous les regards. Seulement, comme ces dangers étaient signalés, surtout par les adversaires de la Révolution, comme les inconvénients des idées nouvelles étaient toujours moins grands que les abus de l'ancien régime, et comme d'ailleurs, l'esprit humain, dans les foules à demi concrètes, ne saisit pas facilement les insuffisances des idées simples, auxquelles le seul instinct les pousse, il ne sembla point possible de faire autrement. Les critiques isolées, qui s'élevèrent contre les applications du principe de la souveraineté nationale, furent dédaignées.

Dès lors, l'individualisme des foules et des Assemblées, avec la puissance de plus en plus redoutable que lui donne sa généralisation dans une nation grande et mobile, est resté, au point de vue politique, comme l'individualisme simple des particuliers, au point de vue social, l'effet et le but de la Révolution. Or, si, au point de vue social, l'individualisme simple des particuliers a pu produire, (par suite du développement des habitudes d'association), des progrès durables que personne ne saurait désormais contester, il faut nettement affirmer qu'au point de vue politique, l'individualisme simpliste dans les foules électorales, et dans les assemblées représentatives, est une base trop fragile, pour que, sur elle, il soit possible de rien fonder. Quelle que

soit l'intelligence, l'instruction, la science même,
d'une foule ou *d'un corps* purement individualiste,
cette foule ou cette cohue sera toujours cette
chose aveugle, insondable, tourmentée et irrésistible, que l'on compare si justement à l'océan.
Une pareille foule, aux heures de crise, se
précipitera toujours vers les sauveurs, qui lui
promettront le salut. L'individualisme simple, à
la base, enfante forcément le pouvoir personnel
au sommet. Une expérience de plus d'un siècle,
confirme, pour la France, ces déductions de la
logique ; et cette conclusion nécessaire se repro-
duira, comme elle semble encore s'annoncer de
nos jours, d'autant plus promptement, qu'il
y aura dans les masses purement individualistes,
de plus grands intérêts généraux en éveil à
sauvegarder, et que des individualités de plus
haute portée devront surgir, aux époques de crise,
pour s'en faire les défenseurs ou les adversaires
passsionnés.

Mais chasser absolument l'individualisme et
l'absolutisme de la constitution des pouvoirs
humains, proscrire toute personnalité de la
politique, c'est, en apparence, quelque chose
d'impossible ; car l'homme, au pouvoir, pas plus
que l'homme dans la vie privée, ne peut se séparer
de lui-même, il ne peut renoncer à ses facultés, à
ses aspirations, à ses ambitions, qui sont souvent,
d'autant plus ardentes, et, on peut le dire, plus
légitimes, que des facultés supérieures désignent
certaines individualités pour des situations plus
élevées. Cependant cette impossibilité apparente
est le but et l'effet de tous les grands mobiles qui
font *l'homme véritablement homme.* C'est un des
commandements les plus éclatants de la religion
chrétienne, traduit dans le sacrifice du calvaire ;
c'est le but et l'effet de toutes les autres religions
dont le fondement commun est aussi, pour les
esprits supérieurs, l'abnégation et le sacrifice ;

c'est le but et l'effet de la science, qui élève l'homme au-dessus de toute personnalité égoïste ; c'est l'idéal de toutes les sociétés en progrès ; c'est l'idéal même des sectaires, ennemis et persécuteurs, violents ou hypocrites, de la religion chrétienne, qui prêchent la solidarité entre les hommes, et le dévouement forcé des heureux du monde au profit des seuls déshérités de la fortune matérielle, par la mise en œuvre de l'action publique et de la force légale. Faire des pouvoirs publics assez bien agencés, pour que la personnalité simple de l'homme ne puisse pas s'y montrer, voilà la haute et incontestable aspiration de la Révolution Française. Aussi peut-on affirmer que l'individualisme, en politique, ayant pour conséquence nécessaire l'établissement des pouvoirs personnels, est en contradiction avec le principe et avec le but qu'avait la Révolution, but que nous poursuivons encore en vain aujourd'hui. Si, dans la fièvre des évènements du jour, et au milieu des illusions et des inexpériences de la première heure, la Révolution a pu considérer comme suffisante une application trop simple de ses principes, l'expérience peut aujourd'hui faire reconnaître, que la simplicité des procédés d'application a été la cause de l'insuffisance, et même du mensonge des résultats. Chercher à extirper des institutions politiques tout caractère d'individualisme, rendre impossible l'action absolutiste de toute personnalité simple, dans le jeu des pouvoirs politiques, et chercher l'application sincère, vraie et complète du principe de la souveraineté nationale, c'est aborder un seul et même problème ; et pour résoudre les difficultés de ce problème, *dans la sphère définie où doivent se mouvoir les pouvoirs publics et politiques*, il suffit peut-être de partir de l'idée de la complexité incontestable du principe de la souveraineté politique d'une nation sur elle-même, et de se rappeler, qu'après avoir plus ou moins longtemps suivi des idées simples, l'esprit humain doit, en s'élevant à des idées et à des applications composées, parvenir à réduire, en fécondes unités, des contradictions, en apparence, irréductibles, et trouver la satisfaction méthodique de son invincible aspiration vers des progrès, toujours nouveaux, mais toujours ménagés.

§ 2

Deux séries d'organes sont nécessaires pour l'application méthodique du principe complexe de la souveraineté politique, l'une à la base, plongeant, aussi directement que possible, dans le sol national, constituée par l'organisme électoral, l'autre au sommet, se rattachant aussi au sol, mais d'une manière indirecte, l'organe législatif. Pour répondre aux conditions essentielles de tous les organismes, ces deux séries d'organes doivent être, entre elles, en union assez intime, pour n'être, à proprement parler, que les deux branches d'un corps unique et complexe, et pour avoir non seulement leur équilibre invisible, par leur attache au centre de gravité général et invisible dont elles dépendent, mais encore leur équilibre et leur centre de gravité spécial et particulier.

Les organes législatifs et électoraux de la France, depuis 1789, ont-ils répondu à cette double condition ?

Je me suis efforcé d'établir, dans d'autres études, qu'au point de vue électoral, notre organisme inférieur du principe de la souveraineté nationale a été mal conçu, et en quoi il est incomplet et défectueux ; mais qu'il peut trouver, dans la représentation proportionnelle, une méthode rationnelle, pratique et simple, pour une réalisation plus complète.

Je voudrais, dans cette seconde étude, montrer, qu'au point de vue de notre organisme législatif, le principe a été également mal compris, et qu'il a été, par suite, faussé et incomplètement appliqué.

Dans ce but, il faut se poser deux questions : 1° les assemblées représentatives de la France ont-elles eu toujours, avec le pays, le contact intime qu'elles auraient dû avoir? Ont-elles eu, en dehors d'elles et en elles, le double point d'appui nécessaire de l'équilibre politique, susceptible de les préserver du double danger d'être ou opprimées ou oppressives ?

J'examinerai successivement ces deux questions.

Et d'abord, nos Assemblées législatives ont-elles eu toujours avec le pays le contact nécessaire? ont-elles toujours conservé le lien qui devait les unir solidairement à la nation ?

L'Assemblée constituante de 1789 avait, à son origine, et elle a conservé, pour ses travaux les plus importants, un double lien avec le pays; lien impersonnel et idéal, par les cahiers généraux, qui étaient une institution saine, pratique, vraiment organique et vraiment française, sortie des entrailles même de la nation, cahiers précis, déterminés, que l'assemblée avait le mandat d'appliquer, en les traduisant en textes de lois; lien personnel, par l'élection dont ses membres avaient tiré leurs pouvoirs. Lorsque, dans les derniers mois de l'Assemblée, se posa la question de la durée de ses pouvoirs, laissée indéterminée par beaucoup de cahiers, mais qu'un grand nombre fixait à un an, l'Assemblée décida que les cahiers n'avaient rien d'absolument obligatoire pour elle, et, à cette occasion, le principe des mandats impératifs, combattu par la puissante voix de Mirabeau, avec la fougue et la simplicité qui marquent toutes les discussions des époques de crises, fut condamné. Par sa résolution, l'Assemblée trancha, elle-même, un des liens, (*le seul solide et fort* parce qu'il était invisible et impersonnel), qui la rattachaient à la masse électorale. Elle s'affranchit de ce lien complexe et efficace, que les Etats-Généraux et la Royauté même d'ancien régime, avaient toujours respecté, lors des convocations des Etats. Elle ne conserva que le lien purement personnel, résultant des choix individuels, que le pays avait faits. Sans doute, le moment n'était pas favorable pour examiner, dans ses éléments complexes, la délicate question du mandat vraiment politique. Au milieu des inquiétudes de chaque jour, des défiances qu'inspirait la cour, de l'hostilité systématique de la plus grande partie de la noblesse, de la fièvre populaire, excitée sans cesse par les journaux, les réunions publiques et les clubs, on voulait faire vite, et par des résolutions viriles, mais improvisées, pourvoir, jour par jour, au plus pressé. Sur les ruines laissées par l'ancienne société, qui s'était pour ainsi dire, écroulée d'elle-même, on voulait édifier à la hâte, les institutions, qui devait permettre à la France nouvelle de vivre. On devait, dès lors, par la pente même de l'esprit humain, s'arrêter aux solutions les plus simples, parce qu'elles paraissent, en même temps, les plus claires, et les plus faciles d'application. Mais, en proscrivant, doctrinalement, la pratique des cahiers généraux, pour y substituer la doctrine du mandat en blanc, abandonné, pendant la période législative, à la simple interprétation et à la volonté purement personnelle, du mandataire élu, la Constituante ne s'aperçut pas qu'elle se privait du seul moyen pratique, vraiment général, employé jusqu'alors, de connaître les vrais besoins du pays, et qu'elle allait inaugurer la période de deux dominations anormales : l'une, domination absolue des mandataires élus sur la nation, l'autre, domination d'une presse anonyme, incompétente ou utopique, presque toujours violente et impérative, souvent vénale et corrompue, sur les mandataires légaux, et sur le gouvernement tout entier du pays. Si le mandat impératif direct et simple est condamnable, comme froissant la dignité du mandataire, et comme se heurtant d'ailleurs à des impossibilités d'application, que le bon sens réprouve, n'est-ce point aussi une doctrine dangereuse et redoutable, que celle de laisser le mandataire, seul et souverain juge de ce qu'il doit à son mandant, et d'abandonner, pendant toute une période législative, le mandant à l'appréciation discrétionnaire d'un mandataire, facile à abuser ? Entre le mandat impératif direct et simple, et le mandat simplement personnel, qui a été, depuis 1789, la règle de nos élections politiques, n'est-il pas possible de concevoir une organisation, moins primitive et moins naïve du mandat politique, qui lui imprimerait son caractère complexe, moralement restreint, quoique relativement ouvert, à la fois simple et fort, clair sans être absolument défini ? Quoiqu'il en soit, cette solution doctrinale, de l'omnipotence du mandataire sur le mandant, fut très nettement admise par l'Assemblée nationale, et elle est restée, depuis, la tradition malsaine de toutes nos assemblées représentatives. La pratique saine et féconde des cahiers généraux fut abandonnée comme inutile *ou gênante* pour l'absolutisme des nouveaux souverains personnels, aveuglés par le mirage de leur omnipotence; et il resta comme un axiome politique indiscutable, que le lien, purement personnel, créé par l'élection entre le corps électoral, et les députés ses mandataires, était un lien suffisant, pour faire l'unité entre l'Assemblée représentative et la nation.

En même temps qu'elle tarissait, par l'abolition des cahiers généraux, la source *vraiment française et décentralisatrice* des manifestations de la volonté encore sourde du pays, l'Assemblée nationale devait porter une seconde atteinte, passagère, il est vrai, mais non moins regrettable, aux droits des électeurs appelés, par elle-même, à former le corps électoral de la nation.

Dans un mouvement de désintéressement irréfléchi, qui fait le plus grand honneur à l'honnêteté de ses membres, mais qui prouve aussi combien étaient grandes leurs illusions, l'Assemblée décréta qu'aucun de ses membres ne pourrait faire partie de l'Assemblée législative, destinée à la remplacer. Ainsi, au moment où, lancée dans une crise sans précédent dans l'histoire, la France avait plus besoin que jamais du concours des intelligences fermes, et des expériences solides et pondérées, qui avaient pu se former en elle, l'Assemblée nationale réduisait le corps électoral, à l'obligation de borner ses choix, à des hommes entièrement nouveaux, sans expérience et sans passé politique, théoriciens généreux, et tribuns brillants peut-être, mais sujets, à cause de leur inexpérience même, aux plus redoutables illusions. Il est impossible de se rendre compte de l'influence qu'a eue, sur la marche de la Révolution, la double faute de méthode, commise par l'Assemblée nationale, dans l'abandon de la pratique ancienne et éprouvée des cahiers généraux, et par le vote sur l'inégibilité de ses membres. Le seul point que je veuille retenir de cette double faute, c'est qu'elle constituait une double atteinte au principe de la souveraineté nationale, et qu'elle a inauguré l'ère de l'omnipotence, des assemblées sur la nation. Depuis lors, le despotisme personnel du Roi, a été remplacé par le despotisme collectif et anonyme des majorités mobiles. Ces majorités, à leur tour, devaient apprendre vite, que les majorités simples sont les instruments et les esclaves méprisés, des comités, des coteries ou des individualités dominatrices, qui se produisent soit en elles, soit en dehors d'elles. La prépondérance absolue que la seule ville de Paris prit dès lors, sur la politique générale par les journaux et par les clubs, grâce à la centralisation excessive, qui étouffait déjà le reste de la France, et n'a fait qu'augmenter depuis, ne trouva plus aucun frein ni aucun contrepoids dans l'organisme politique général du pays. Les clubs et les journaux de Paris seul, substituèrent aux cahiers généraux, qui se rédigeaient méthodiquement, sur toute l'étendue du territoire, leurs adresses passionnées, et leurs objurgations comminatoires de tous les jours. Alors qu'il est incontestable, comme c'était le sentiment unanime de l'Assemblée constituante, que l'universalité des citoyens, dans la nation, a un droit, égal pour tous, dans la préparation des actes importants de la vie politique du pays, la France a vu depuis 1789, les évènements les plus considérables de son histoire, les changements constitutionnels les plus graves, se produire et devenir définitifs par la seule initiative ou par la seule sujétion de Paris. Il a suffi de devenir maître de Paris, par l'entraînement ou par la force, pour être maître de la France, et le pays tout entier n'a eu qu'à donner, soit par des élections, soit par des plébiscites trompeurs, des ratifications nécessaires à des faits accomplis. Sans entrer dans le détail de toutes les crises produites à partir du 14 juillet 1789, et dans lesquelles, par suite de clandestines machinations, et de criminelles manœuvres, Paris a si souvent pesé, soit sur l'Assemblée constituante, soit sur l'Assemblée législative et sur la Convention, il suffit de rappeler le 6 octobre 1789, qui a fait de Louis XVI le prisonnier de la populace, le 20 juin et le 10 août 1792, qui en ont fait le prisonnier des Assemblées. Le 18 brumaire et le 2 décembre ont été des coups de force perpétrés dans l'ombre ; la Restauration, le résultat de l'invasion et d'une intrigue dans un Sénat servile, 1830, 1848, 1870 le produit hâtif, imposé à Paris et à la France, d'émeutes victorieuses, dans Paris seul, contre le pouvoir légal du moment.

Où peut-on voir, à toutes ces époques, l'application loyale, régulière et méthodique du principe de la souveraineté nationale ? Dans quel organe régulièrement constitué se trouvait alors la source normale de l'opinion publique ? Et n'est-il pas évident, que, pour que des faits de cette nature aient pu se produire, et pour qu'à leur suite, pendant des périodes plus ou moins longues, une sorte de légalité nouvelle, apparente, ait pu s'établir, et recevoir, par l'effet des craintes, de la lassitude, ou de l'impuissance du pays, une fausse ratification, il faut que, non seulement le corps électoral de la France, n'ait pas été constitué de manière à servir de point d'appui solide, soit aux pouvoirs anciens soit aux pouvoirs nouveaux, dont il ratifiait la domination ou la tutelle, mais que les pouvoirs publics, législatifs et électifs, aient eux-même manqué des conditions essentielles, et des garanties de stabilité nécessaires, pour remplir leur office d'organes législatifs supérieurs dans le mécanisme complexe d'application du principe de la souveraineté nationale ?

Qu'était-il possible de faire dès 1789, dans le pays, reconnu en possession de la capacité ou de la puberté politique, pour conserver, avec le pays lui-même, dans son intégralité, dans son unité indivisiblement constituée, le contact et le lien nécessaire de l'organisme législatif et gouvernemental, et pour mettre, ou plutôt pour remettre à jour, la première source vive, renfermée dans la première base fondamentale et invisible, du principe de la souveraineté nationale? Il fallait laisser, à la France entière, l'institution autochtone de ses cahiers généraux, rédigés sur toute l'étendue du territoire national, et que la liberté de la presse centralisée à Paris, entre les mains d'hommes sans aucun mandat, ne pouvait pas remplacer. Il fallait (et ce n'est pas cet honnête et malheureux Louis XVI, victime expiatoire et la France entière avec lui, des fautes et des traditions autoritaires et bureaucratiques de Louis XIV et des turpitudes de Louis XV, qui y eût mis obstacle), donner aux cahiers généraux le caractère méthodique, à intervalles réguliers, obligatoire pour l'Etat, qui leur avait manqué jusqu'alors, en même temps que la périodicité légale avait manqué aux Etats-Généraux eux-mêmes, par suite des défiances aveugles et invétérées d'un Pouvoir Royal absolutiste, qui, depuis 200 ans, avait étouffé ou corrompu toutes les institutions nationales françaises, même la notion de la vraie Royauté politique.

A la place des cahiers généraux de nos pères, nous avons, aujourd'hui, les élucubrations de ce qu'on appelle les professions de foi de nos députés, que M. Barodet a voulu réunir en volumes, professions de foi purement individuelles, le plus souvent volontairement banales, et en tous cas, toujours mal mûries. Ces professions de foi sont-elles comparables à nos anciens cahiers généraux?

Ne serait-ce pas une application autrement sincère, puissante et pondérée, du principe de la souveraineté nationale, que de raviver, sous les décombres, au milieu desquels elle sourd encore, cette institution vraiment française des cahiers, dans laquelle nos pères, avant qu'il n'y eut des journaux, avant qu'il n'y eut des réunions ou plutôt des cohues publiques et des clubs, avaient su trouver le moyen direct et impersonnel, général et collectif de faire connaître leurs vœux et leurs besoins ? Qu'y aurait-il d'impraticable et de difficile, à ce que, après chaque élection générale, les élus de chaque département puissent se réunir à leur chef-lieu, en vertu des lois nouvelles même, sur l'organisation de nos pouvoirs publics, avec la mission de préciser, et de condenser les lignes générales. des vœux et des besoins collectifs des électeurs qui les auraient nommés ? Il y aurait eu ainsi dès 1791, sur toute la surface de la France, quatre-vingt-six cahiers, dans lesquelles il eut été possible, au moment de la réunion de l'Assemblée législative, de distinguer : 1° les aspirations communes à tous et sur lesquelles il y aurait eu encore, naturellement, pour ainsi dire, comme en 1789, unanimité presque complète de la France ; 2° les aspirations de simple mais indiscutable majorité absolue ; 3° les aspirations de minorité. Le gouvernement aurait eu à s'inspirer de ces vœux, pour la présentation des projets de lois, dont il aurait eu l'initiative, dont l'Assemblée aurait eu à faire l'élucidation définitive par ses votes, où dans lesquels elle eut trouvé la matière des projets de lois, que *sa propre initiative* lui aurait suggérés, *en cas d'inertie du gouvernement.* Cette institution autochtone des cahiers généraux de toute la France ne serait-elle pas, encore aujourd'hui, si nos maitres nouveaux consentaient à se départir des habitudes d'esprit absolutistes, que la vieille Royauté, avant de mourir, leur a transmises, comme un virus secret presque mortel, s'ils voulaient sincèrement suivre la volonté nationale, et non la *faire suivant leur volonté propre*, ne serait-elle pas, pour la coopération, aussi directe que possible du pays lui-même, à l'exercice de sa souveraineté intérieure, une base plus vraie que les plébiscites, base vraiment populaire, mais non populacière, base spirituelle, plébiscite nouveau modernisé, remplaçant les plébiscites grossiers et césariens de l'ancienne Rome, qui servilement ravivés, dans la France nouvelle, par un despote de génie, y ont, deux fois depuis cent ans, consacré l'affaissement et l'abdication de la France, sous des pouvoirs purement personnels, et deux fois déchaîné sur nous l'invasion étrangère, comme un châtiment providentiel et mérité de l'orgueil et de l'aveuglement de nos chefs improvisés ? Ne serait-ce pas une sorte de referendum modernisé, plus rationnel et plus fécond que le referendum négatif des petits peuples, chez lesquels est encore possible, dans quelques circonstances, le gouvernement primitif, direct et immédiat, de l'Agora, du forum, ou des champs de mai Mérovingiens, gouvernement direct et simpliste, que les grandes nations, comme la France, ne peuvent plus, et ne doivent pas supporter ? Ces cahiers n'auraient-ils pas conservé aux mouvements généraux de notre politique intérieure, ce parfum de terroir, et ce caractère de bon sens pratique, de simplicité, de naturel et de finesse, propres à notre vraie France, saine, laborieuse, et robuste, dont manquent trop souvent les conceptions isolées des bureaucrates, des pédagogues, des politiciens, des rhéteurs ou des réformateurs de cabinets ?

Je ne veux pas insister plus longtemps sur ces considérations historiques, qui, corroborées, du reste, par le grand mouvement intellectuel, produit depuis plus de cinquante ans, autour du principe de la Représentation proportionnelle, répondent peut être suffisamment, à la première des deux questions que je me suis posées au début de cette étude.

La seconde de ces questions, répond d'ailleurs à une préoccupation plus actuelle et plus générale parmi les esprits sérieux, qui scrutent avec anxiété l'horizon politique, et se demandent si le régime représentatif tout entier de la France n'est pas menacé de sombrer. C'est surtout à l'examen détaillé de cette seconde question que j'ai voulu consacrer ce travail.

§ 3

Comment le travail législatif peut-il aboutir à des lois bien faites? Quelle doit être, dans la préparation des lois l'action du Gouvernement? Quelle doit y être l'action des Chambres électives? Quelles conditions doivent respecter le Gouvernement et les Chambres, pour que leur action réciproque, dans le travail législatif, soit fructueuse et vraiment féconde? C'est ce que je veux examiner, en m'inspirant d'ailleurs des épreuves historiques même, par lesquelles la France, par la faute de ses gouvernements et de ses classes se disant dirigeantes, a passé depuis cent ans.

Nous avons essayé, en France, depuis 1789, d'avoir des assemblées politiques, pourvues de points d'appui, extérieurs à elles, ou se rattachant à un centre de gravité, également extérieur et commun à l'ensemble de nos pouvoirs publics. Nous n'avons même pas cherché à avoir d'assemblées qui aient eu, en elles-mêmes, leur centre de gravité intérieur, et des contrepoids contre leurs propres entraînements.

La Révolution de 1789, dans sa première formule, la nation, la loi, le roi, qui a été celle de l'Assemblée constituante, ne tenait déjà plus suffisamment compte, du point d'appui extérieur, du centre de gravité général, le Pouvoir Royal qui avait existé seul, avant elle, et qui avait suffi seul, pour la formation de la France Géographique, à peu près terminé alors.

La conception secrète du Pouvoir législatif par l'Assemblée Constituante a consisté, en effet, contrairement à la Constitution même de 1791 quelle a écrite pour la France, à n'avoir, en dehors d'elle, aucun étai réel, solide et vraiment résistant. La Royauté était bien restée, nominalement, un élément du Pouvoir législatif, mais c'était un Facteur sans force et sans attributions sérieuses. Dans la crainte du retour du despotime simpliste d'ancien régime, on n'avait laissé à cette royauté qu'un Veto suspensif, dont l'opinion publique, simpliste elle-même, ne permettait pas au roi d'user, sans qu'il y eut trouble menaçant dans la rue. Et non seulement, l'Assemblée, par une imitation inverse de l'ancienne Royauté avait concentré en elle tous les pouvoirs législatifs efficaces, mais elle ne demandait son équilibre interne qu'à un règlement, improvisé sous la fièvre des circonstances, et à la seule loi de la majorité absolue de ses membres. L'antagonisme, entre le fantôme conservé du Pouvoir Royal et la nouvelle branche élective de l'organisme législatif de 1789, entre lesquels d'ailleurs aucun lien commun d'origine n'avait été ménagé, ne pouvait manquer d'éclater avec les plus redoutables conséquences ; et, comme dans l'explosion du sentiment national, absolument comprimé depuis deux cents ans, il était évident que la force morale était dans l'Assemblée, l'écrasement de la Royauté, restée seule, avec la seule force matérielle, était inévitable. Le 10 août était une conséquence logique, presque fatale du défaut d'unité constitutionnelle entre le Roi et nos premières Assemblées. La pratique simpliste de la toute puissance de la majorité simple et numérique, créait forcément d'ailleurs dans l'Assemblée elle-même, entre la majorité et la minorité, la même situation, de domination absolue, d'une part, et d'écrasement, de l'autre, que la Constitution avait faite entre l'Assemblée et le Roy. Cette pratique simpliste a substitué, dans le domaine législatif, l'omnipotence discrétionnaire de majorités anonymes, fiévreuses et hativement formées, à l'omnipotence personnelle de la Royauté. Cette loi de la majorité absolue, dans une Assemblée délibérante, est une loi de pesanteur simple, ou plutôt simpliste, ce n'est pas une loi d'équilibre politique, de solidarité et de pondération ménagée, soit entre les membres des Assemblées représentatives, respectivement les uns aux autres, soit entre les Assemblées elles-mêmes, le Gouvernement et la Nation..

L'Assemblée législative et la Convention ont eu, la même conception simpliste de l'organisme législatif que l'Assemblée Constituante, en en poussant ouvertement, et cyniquement, les conséquences jusqu'à leurs dernières extrémités. Après le 10 août 1792, le semblant de contrepoids extérieur, qu'avait gardé l'Assemblée Constituante, a été complètement anéanti, avec la Royauté, par l'Assemblée législative; et quant à des contrepoids intérieurs contre les excès des majorités sectaires et dominatrices de la Législative et de la Convention, personne alors n'aurait osé en concevoir, personne, dans ces Assemblées, aveuglées par le sentiment malsain de leur omnipotence anonyme et irresponsable, n'en n'aurait accepté.

Toutefois, lorsqu'après la période de terreur, causée par le despotisme anonyme de la Convention, on comprit l'immense danger, que présentait une Assemblée légiférante unique, vouée à tous les entraînements, à toutes les incohérences, et à toutes les usurpations de pouvoir, des majorités absolues simples, la Constitution de l'an III, faite par les Conventionnels, chercha à inaugurer le système, des contrepoids extérieurs de deux assemblées l'une par l'autre, destinées, dans leur égalité absolue d'attributions, et avec une égalité absolue d'origine, à créer entre elles un équilibre susceptible, de garantir la nation, soit contre les entraînements de chacune d'elles, soit contre le despotisme dans le Gouvernement.

La Constitution de l'an III n'a pas, d'ailleurs, cherché d'équilibre intérieur, pour chacun de ses deux organes législatifs. Le contrepoids extérieur qu'ils semblaient constituer l'un pour l'autre l'avait seul préoccupée. Quant à leur équilibre intérieur, c'était, comme pour les Assemblées uniques de 1789 à 1795, par leur règlement seul, et par la loi de la majorité absolue simple, qu'on espérait le réaliser.

L'équilibre simple des deux Assemblées directoriales, par leur simple balance réciproque, n'était qu'une malheureuse imitation de la Constitution anglaise. L'Etat social et politique de l'Angleterre, resté nettement aristocratique, donnait et donne encore à la Chambre des Communes, aussi bien qu'à la Chambre des lords, des fondements solides extérieurs, que la France démocratique et égalitaire n'a plus; le Conseil des Anciens et le Conseil des Cinq-Cents, ne trouvaient aucun appui extérieur, pour leur équilibre réciproque, dans la poussière électorale faite en France, sans aucun cadre intérieur, par la Révolution. La Constitution de l'an III ne pouvait d'ailleurs donner au Directoire l'action pondératrice et le prestige, qui permettent à la Royauté Anglaise d'exercer sur les Chambres une action ménagée, sans être oppressive. Et enfin, la Constitution Directoriale n'avait pas voulu donner, au Directoire, les attributions considérables, dont la Constitution Républicaine des Etats-Unis d'Amérique a investi son président, faisant de cette magistrature suprême, un frein extérieur aux Assemblées législatives, capable de prévenir, sans risque de dictature, les excès trop grands, auxquels l'absence ou la faiblesse de leurs contrepoids intérieurs peut les entraîner.

L'insuffisance du contrepoids extérieur, l'absence complète de l'équilibre intérieur, dans les deux Chambres directoriales, devaient donc déterminer, et ont déterminé très vite, un état d'incohérence et de corruption, législative et gouvernementale, contre lequel la dictature du Consulat, et celle de l'Empire ont été des bienfaits relatifs.

La Constitution de l'an VIII, et à son exemple, celles du 1er et du 2e empire, n'ont cherché non plus, de contrepoids, pour les organes législatifs électifs, qu'elles n'osaient pas supprimer, que dans l'action extérieure du Pouvoir absolu du 1er consul ou de l'empereur, appuyé sur les plébiscites, et sur l'ancien conseil du Roi, ravivé et modernisé dans le Conseil d'Etat. La coopération du Conseil d'Etat à l'élaboration législative a été, du reste, dans notre mécanisme législatif en formation, et à côté du type d'assemblées doubles que nous avions imité de l'Angleterre, une innovation féconde, qui fait l'originalité et la supériorité relative, du régime législatif, français et moderne, sur le pur régime parlementaire Anglais. La coopération de notre Conseil d'Etat, à l'œuvre collective législative, a permis la prompte codification de nos lois nationales, avant qu'aucune des autres nations, à régime parlementaire simple, n'ait atteint ce précieux résultat. Mais le Conseil d'Etat, comme le Gouvernement qui le nomme, n'est qu'un point d'appui extérieur pour les deux Chambres; il ajoute une force à la garantie de maturité qui résulte de la concordance des propositions gouvernementales, avec les décisions semblables des chambres; il rend même cette concordance plus facile; mais il n'est pas possible de méconnaître que l'action du conseil d'Etat, telle qu'elle a été organisée par Napoléon Ier a été excessive, parce que, pour lui, le conseil d'Etat a été avant tout un instrument de despotisme. Les chambres électives, privées de toute initiative et de tout droit d'amendement, n'ayant à choisir qu'entre la soumission aux projets élaborés par le conseil d'Etat, ou une opposition stérile ou anarchique contre le Gouvernement, ont été étouffées. Les corps législatifs, sous le Consulat et sous les deux Empires, n'ont été que des bureaux serviles d'Enregistrement. Les plus fougueux Impérialistes, partisans des seuls freins extérieurs, contre la poussée des chambres électives, oseraient-ils proposer aujourd'hui de revenir au système de pression législative de Napoléon Ier et de Napoléon III ? Il est permis d'en douter. Il est certain, en tout cas, qu'ils ne trouveraient plus d'échos. Napoléon Ier lui-même, dans ses articles complémentaires de la Constitution Impériale, et Napoléon III dans le Sénatus Consulte de 1870, n'ont-ils pas reconnu l'excès et le danger d'une pression extérieure absolument impérative, exercée, sur les Chambres, par le conseil d'Etat et le Gouvernement ?

C'est encore cependant aux seuls contrepoids, et aux seuls freins extérieurs, tirés de l'action du Gouvernement, du conseil d'Etat et de la Chambre des pairs, que les Gouvernements de 1815 et 1830 ont demandé les garanties de stabilité nécessaires, et les éléments de la coopération, vivifiante et normale, de leurs chambres des députés, dans la confection des lois. Eux, non plus, ne se sont pas préoccupés de la nécessité de l'équilibre intérieur, contre les dangers des majorités absolues omnipotentes. Sous ces régimes, il n'y a pas eu, il est vrai, comme sous les deux Empires, étouffement, à peu près absolu, des chambres. Mais l'insuffisance des seuls freins extérieurs, résultant de l'action du Roi, des Ministres, de la Chambre des pairs et du conseil d'Etat, est restée manifeste ; les chambres des députés de la Restauration et de 1830, ont été impuissantes, à assurer la stabilité en elles et dans l'Etat ; et, comme les chambres mal équilibrées du Directoire, elles ont subi le sort des régimes mal assis dont elles faisaient partie.

Sous les deux Républiques de 1848 et de 1870, le défaut d'équilibre, et l'incohérence des Assemblées parlementaires simples, sans solidarité organique entre elles, et sans équilibre intérieur, en dehors de la loi de la majorité absolue simple, a été bien plus accentué, et bien plus évident encore, que sous les monarchies. Sous ces deux Républiques, les doctrinaires de Gouvernement, suivant les mêmes errements que les doctrinaires des monarchies et des deux Empires, ont persisté à ne chercher l'équilibre des Assemblées politiques, que dans la force des ministères dépendant d'elles ; et comme aucun équilibre intérieur, avec la seule loi des majorités absolues simples, ne permet la constitution de majorités compactes, solides et durables, qui ne soient pas despotiques ou arbitraires, la même situation d'énervement, de confusion, de trouble, d'incohérence et d'impuissance, que celles qui se sont produites à la fin du Directoire, des deux Empires, des deux Monarchies, et de la République de 1848, se reproduit de nos jours ; le pays a aujourd'hui, comme à l'approche des grandes catastrophes du passé, le pressentiment d'un inconnu mystérieux et redoutable, vers lequel il est entraîné, sans que ses guides officiels soient capables de l'éviter.

N'est-il donc pas possible de faire autre chose que de tourner, par d'incessants cercles vicieux, dans les simples errements des contrepoids extérieurs des assemblées politiques, dont le passé a prouvé le danger, quand ils sont trop puissants, et, en tous cas, l'inefficacité quand ils sont seuls ? N'est-il pas possible d'entrevoir, qu'à ces contrepoids extérieurs, les chambres électives pourraient ajouter, d'elles-mêmes, et en elles-mêmes, en dehors de la loi des majorités absolues simples et omnipotentes, des contrepoids nécessaires, pour que le mécanisme législatif et gouvernemental tout entier, ne soit pas en souffrance? De nos jours, cet équilibre *intérieur* des Assemblées politiques *par elles-mêmes*, devient d'autant plus nécessaire à trouver, qu'en vertu de la Constitution Républicaine, qui nous régit depuis 1875, la France a été, et sera légalement, dans toutes ses crises intérieures, soumise au régime d'une Assemblée unique, omnipotente, irresponsable, soit le congrès prévu par la Constitution de 1875, soit une Assemblée Constituante, que les circonstances les plus critiques peuvent imposer à nos enfants, comme des Assemblées uniques et omnipotentes se sont imposées à nos pères, de 1789 à 1795, de 1848 à 1851, et de 1870 jusqu'à 1875. Déjà, quatre fois, le congrès a eu à nommer le Président de la République; et l'on sait à quelles anxiétés, et même à quelles sourdes appréhensions de guerre civile, les réunions du Congrès ont donné lieu. Si une révision de la Constitution, dans les termes même, prévus par elle, de la conservation de l'Etiquette Républicaine, était proclamée nécessaire, quelles garanties aurait le pays, en dehors du *Règlement même du Congrès, ou d'une Assemblée constituante*, contre les erreurs ou les entraînements des majorités absolues simples, qui s'y formeraient fiévreusement, comme se sont formées, depuis cent ans, les majorités aveugles, violentes ou terrifiées de nos Assemblées uniques? Et que pèseraient contre les erreurs ou les excès de nos Congrès, ou de nos Assemblées Constituantes de l'avenir, l'action extérieure à elles, d'un Gouvernement, dont la seule mission serait forcément restreinte, comme en 1789, à l'ordre matériel de la rue, et à l'expédition des affaires courantes, et qui n'aurait même pas d'avis à émettre sur les amendements constitutionnels proposés ? De quel poids serait l'action pondératrice d'un Sénat qui aurait disparu ? ou l'action d'un conseil d'Etat, qui serait écartée, par la raison d'incompétence, qui ferait écarter l'action du Gouvernement ?

N'est-il pas permis de dire que, de la part de tous les hommes politiques, soit de la République, soit de la Monarchie, soit de l'Empire, il y a, plus que de l'imprudence, à ne pas vouloir chercher ailleurs, que dans de seuls étais extérieurs, toujours impuissants, quelque forts qu'ils soient, ou dans la pratique précaire des majorités absolues simples, le double et complexe fondement, nécessaire pour l'équilibre intérieur de nos assemblées politiques électives ?

Le faux dogme de la majorité absolue simple et omnipotente, a été longtemps, *sur le terrain électoral,* une sorte d'arche sainte pour tous les politiciens, qui se proclamaient seuls libéraux et seuls progressistes. Aujourd'hui, *sur ce terrain,* ce dogme n'existe plus, ou du moins, il est partout ébranlé; son anéantissement, en présence des progrès du principe de la Représentation proportionnelle, n'est plus qu'une question de quelques années.

Il est permis d'espérer, que dans le domaine législatif, la fin de ce prétendu dogme, quelle que puissance indiscutée qu'il y ait encore, n'est plus très loin de nous. Après que la Représentation proportionnelle l'aura chassé, du terrain électoral, son anéantissement dans le domaine législatif, ne sera plus qu'une question de jours.

Je vais essayer de montrer que, dès maintenant, dans le domaine législatif, il existe, en dehors des sentiers battus, quelques jalons qui préparent son remplacement méthodique et régulier par une pratique plus rationnelle.

§ 4.

Depuis quelques années, pour remédier aux inconvénients évidents de l'individualisme inconscient, introduit par le vote simple, par tête, dans les Assemblées politiques, il se produit, dans toutes les nations à régime représentatif, une pratique nouvelle, instinctive, celle de la constitution des groupes extra-parlementaires, remplaçant les deux grandes catégories gouvernementales anglaises, Torys et Whigs, les seules que, pendant longtemps, le Parlementarisme aristocratique Anglais, ait connues, et les grandes catégories des trois ordres d'ancien régime, qui servaient de base aux votations intérieures de nos Etats-Généraux. Désormais les groupes extra-parlementaires, plus ou moins nombreux, deviennent partout les véritables instruments préparatoires des décisions des Assemblées délibérantes. Ils se forment, comme leur nom l'indique, en dehors des Assemblées, bien qu'ils soient composés des mêmes éléments personnels. Ils nomment des bureaux, qui les représentent dans leurs relations collectives et officielles, tant avec les autres groupes similaires qu'avec le Gouvernement lui-même. Ils se forment en vertu d'une loi, qui est étrangère au régime parlementaire simple, celle des affinités personnelles de leurs membres. Ils ont pour caractère essentiel d'être homogènes, et, à l'exemple des personnes et des personnalités morales simples : sociétés civiles, communautés, congrégations, sociétés d'études, cercles littéraires ou scientifiques, de former, en quelque sorte *des êtres en soi,* indivisibles et à demi solidaires. Les personnes simples des députés, qui les composent, se fondent librement dans la personnalité supérieure et collective du groupe, *sans qu'aucune pression extérieure les astreigne à y rester longtemps malgré eux.* Le vote individuel des députés, dans les séances officielles des Assemblées, n'est plus que la monnaie, pour ainsi dire, du vote collectif des groupes. En réalité, c'est désormais avec les groupes constitués, bien plus qu'avec les individualités simples des députés, que les pouvoirs publics ont à compter.

Sans doute, il reste encore dans les assemblées, des individualités simples, qui conservent leur isolement naturel, et qui, soit par le sentiment de leur valeur personnelle, soit par la crainte d'aliéner l'absolue liberté de leurs esprits et de leurs consciences, préfèrent rester étrangères à toute affiliation de groupe. Mais ces individualités n'existent plus qu'à l'état d'exceptions. On les qualifie familièrement, et elles acceptent la qualification semi-ironique de *sauvages.* L'impuissance législative qui les frappe, malgré les grandes qualités qui les distinguent, tend à prouver à tous, par une expérience irrésistible, que, dans des assemblées vraiment politiques, le groupement méthodique des membres à tendances identiques est la première loi. Après cent ans de tâtonnements, la France tend à abandonner le vote individuel simple, incohérent et nécessairement anarchique,(quand il n'est pas un acte de *simple soumission que la politique ne comporte pas,* dans les assemblées ni sur le terrain électoral), pour inaugurer un mode nouveau de vote collectif, qui corrigera les vices évidents de l'individualisme parlementaire dont nous souffrons, sans avoir les inconvénients des votes collectifs par grandes catégories d'anciens ordres, ou par grandes catégories de provinces de nos Etats-Généraux: Partout aujourd'hui, en Europe et dans le Nouveau-Monde, on se préoccupe des conditions méthodiques, suivant lesquelles l'action des groupes extra-parlementaires, *qu'on ne peut plus éviter*, pourra devenir féconde et bienfaisante.

Jusqu'à présent, par suite de la formation, en quelque sorte instinctive, des groupes extra-parlementaires, ce nouveau facteur de l'élaboration législative, n'a eu qu'une action incohérente, comme le vote individuel simple, et, dans leurs manifestations actuelles, ces groupes prêtent à de nombreuses critiques, parfaitement justifiées.

Leur action, en effet, en se plaçant à côté et en avant de l'action préparatoire des bureaux officiels, fait, des décisions qui ont lieu dans ces bureaux, une sorte de double emploi. Lorsqu'on sait d'avance quelle a été la décision et l'entente de certains groupes, le travail officiel, secret ou public, des Assemblées n'est, trop souvent, que la constatation, dans des représentations de parade, de résultats sur lesquels chacun est déjà fixé. Le travail préparatoire des groupes extra-parlementaires, et le travail intérieur des bureaux des Chambres, en exigeant la présence des députés, à des réunions doubles en nombre, rendent très difficile, à tous les députés, leur participation effective aux études préliminaires, de toutes les questions, qui leur sont soumises, et laissent place à la direction absolue et irrégulière des groupes, par les personnalités les plus agissantes, souvent les plus brouillonnes, qui y sont entrées. Les groupes extra-parlementaires obéissent, d'ailleurs, à la tendance de tous les corps, plus ou moins régulièrement constitués, de s'étendre, de grandir et de se développer sans cesse. Par suite, chaque groupe doit chercher à s'affilier le plus de membres possible ; et pour être nombreux, afin d'être forts, sous la loi simpliste du nombre, ils perdent de leur homogénéité nécessaire, en englobant, dans une unité factice, des éléments dissemblables, dont l'agglomération est un mensonge. L'esprit de discipline, qui unit les membres de chaque groupe, les déterminant d'ailleurs à accepter les solutions admises en nom collectif, lors même qu'ils n'y ont point participé, ou qu'elles répugnent à leurs sentiments personnels, il arrive sans cesse, que les droits de la conscience individuelle sont sacrifiés, devant l'habitude de condescendances, irréfléchies ou intéressées.

Néanmoins, quelqu'imparfait que soit aujourd'hui le fonctionnement des groupes extra-parlementaires, il n'est pas permis de ne pas voir, dans la généralité de leur éclosion spontanée, dans *tous* les pays à régime parlementaire, un indice grave, de la tendance instinctive des assemblées parlementaires simples, à réagir contre l'individualisme, qui les émiette, les paralyse ou les affole. Et peut-être en se rendant bien compte, des caractères de ces groupes, et de leur raison d'être, en étudiant en outre, attentivement, les lois nécessaires de l'existence des groupes vraiment politiques, arrivera-t-on à trouver un remède, ou au moins un palliatif, au mal si profond de l'individualisme, dont souffrent les Assemblées politiques, comme les sociétés les plus avancées de notre temps.

§ 5

Toutes les Assemblées politiques françaises se divisent, pour leurs travaux intérieurs, en bureaux, qui sont numériquement égaux entre eux. Cette égalité des organes intérieurs, est une règle, concordant d'ailleurs avec celle de l'égalité de tous les députés entre eux, que toutes les assemblées parlementaires simples, veulent instinctivement respecter.

Les groupes extra-parlementaires en amènent la violation indirecte, constante, parce qu'étant naturellement inégaux entre eux, restant d'ailleurs absolument distincts, et sans aucun lien solidaire, les uns respectivement aux autres, ils pèsent, *collectivement*, dans les votations des assemblées, par l'effet même du vote par tête et individuel de leurs membres, d'un poids différent, dont rien n'atténue les inégalités absolues.

Mais si les groupes extra-parlementaires violent, indirectement, le principe de l'égalité dans le vote, les bureaux officiels, à leur tour, faussent les principes de la liberté et de la solidarité des membres des assemblées parlementaires simples. Ces bureaux sont constitués, en effet, au hasard du tirage au sort, sans liberté de choix pour les députés, sans aucune solidarité des uns avec les autres, en sorte que ces bureaux, image de l'assemblée elle-même, ne forment qu'une agglomération arithmétique confuse, sans vitalité propre, et sans consistance. Ces bureaux n'apportent, et ne peuvent apporter, aucun esprit de suite, dans l'élaboration législative, dont ils ont la charge. Car, lors même que chacun d'eux renfermerait les éléments d'une majorité compacte et directrice, cette majorité simple est toujours à la merci de tous les accidents de la vie individuelle ; l'absence, la maladie ou même les distractions de quelques-uns de ses membres, trop souvent des raisons d'intérêts, d'amour-propre, de sympathies ou d'antipathies purement personnelles, en amènent la modification et le déplacement. Ce qui se produit dans les bureaux se reproduit, du reste, dans l'Assemblée, où la formation de la majorité varie suivant les mêmes causes, et où l'on a vu les résolutions

les plus graves de la vie des peuples, comme, en
France, la République définitive, décidées à une
voix de majorité.

Pour échapper à toutes les incohérences du
vote individualiste, et de la loi de la majorité
absolue simple, pour arriver à constituer dans
une assemblée représentative, une majorité
composée, organique, solide et toujours inatta-
quable, il suffirait, en gardant pour la formation
des bureaux officiels, le principe français de leur
égalité respective, d'abandonner dans leur recrutement, le principe aveugle du tirage au sort,
d'emprunter aux groupes extra-parlementaires,
les principes féconds de la liberté, de l'homogénéité et de la solidarité de leurs membres, qui
sont le lien vital de toutes les personnes morales,
et de constituer les bureaux officiels, sur la triple
base : 1° de leur égalité respective et juridique ;
2° de la fixité de leurs cadres pendant chaque
session annuelle ; 3° de la liberté du choix des
bureaux par les députés. La conséquence de
l'admission de ce triple fondement, entraînerait
au point de vue parlementaire, l'admission de la
reconnaissance de cette vérité, très simple et
très facile à comprendre : que, dans une assemblée vraiment politique, l'unité constitutive et
organique, n'est pas le député, mais le bureau ou
groupe homogène de députés, unité constitutive
nouvelle, image en politique de toutes les unités
morales vivaces, et qui répondrait d'ailleurs,
dans les Assemblées politiques, à la loi scientifique de l'égalité des divisions, fractionnaires et
méthodiques, des unités complexes, et de toutes
les unités morales susceptibles de droit et de vie.

Les groupes extra-parlementaires, assez importants pour former, dans une assemblée, deux ou
trois bureaux officiels, vraiment homogènes
entre eux, ne perdraient rien à la constitution de
semblables bureaux ; leur action, par l'en-

tente de leurs bureaux officiels, serait encore plus réfléchie et plus parfaite qu'elle n'est aujourd'hui; et quant aux groupes, qui n'auraient pas, à eux seuls, une importance assez grande pour former un bureau complet, ils devraient s'organiser, soit en s'aggrégeant d'autres petits groupes de nuance rapprochée de la leur, ou en attirant à eux des individualités flottantes, ayant à peu près le même caractère et les mêmes tendances qu'eux.

Aujourd'hui, sous le régime empirique des groupes extra-parlementaires instinctifs, c'est à peine si cinq ou six grandes réunions se forment, dans lesquelles se fondent, plus ou moins librement, toutes les opinions. Les groupes trop nombreux ne peuvent échapper à une certaine confusion, à cause des disparates inconscients qu'ils comportent. Les nuances, dans les régimes simples de grands groupes, sont nécessairement sacrifiées. Le chiffre des bureaux officiels, au contraire, est toujours assez grand, pour que, non seulement les couleurs bien marquées, mais même les nuances suffisamment déterminées, puissent se rapprocher, s'organiser et recevoir, dans la vie propre, mais relative, d'un bureau, leur complète satisfaction. Bien mieux, les esprits que l'on appelle neutres, et qui, dans les assemblées actuelles, sont forcément sacrifiés entre les extrêmes, seraient toujours assez nombreux pour former, entre eux, un ou plusieurs bureaux. A raison de leur neutralité même, et de la puissance que leur donnerait leur cohésion, ces bureaux joueraient vis-à-vis des autres, le rôle de pondération, qui est propre aux esprits modérés, et qui échappe aujourd'hui à de simples individualités, quelqu'éminentes qu'elles soient, réduites à leur isolement.

Si l'on peut objecter contre le système du recrutement libre des bureaux, que de grandes

ersonnalités seraient exposées, à s'y trouver
nnihilées, par des majorités étroites et intolé-
antes, on peut répondre que cet inconvénient
xiste aujourd'hui, avec la pratique courante des
roupes extra-parlementaires empiriques, et
u'il n'empêche pas les grandes personnalités
ndividuelles, voulant jouer un rôle politique
fficace, de s'y affilier. D'ailleurs, il y a une autre
éponse plus péremptoire encore : elle ressort de
a distinction essentielle, qui existe entre l'étude
t le vote, et de la distinction, non moins
ssentielle, qui existe entre le mode de votation
ersonnel, et cependant secret, nécessaire dans
es bureaux, et le mode de votation public,
ropre aux assemblées politiques, complètement
onstituées.

Dans les bureaux, qui, à raison de leur
homogénéité, constituent des corps simples, et
les organes d'élaboration *indivisibles*, la discussion doit être intime, secrète et nécessairement
ndividualiste, comme le sont les délibérations
ntérieures de tous les corps simples : tribunaux,
ours, sociétés, corporations, congrégations. Les
opinions individuelles doivent toutes s'y faire
our; les responsabilités individuelles, dans la
limite où elles existent en politique, peuvent
toutes s'y dégager, au besoin par la demande
d'un vote par appel nominal et personnel, dans
le sein du bureau.

Lorsque la supputation des votes individuels,
dans le bureau, a déjà donné naissance à un
résultat collectif préparatoire, il serait encore
facile à la minorité d'un bureau, et surtout à des
personnalités éminentes, momentanément isolées
dans leur propre groupe, de s'affirmer, dans la
discussion, plénière et publique de l'Assemblée,
à la condition de présenter leurs opinions, avec la
permission du Président, comme opinion de
minorité ou simplement personnelle.

Mais le vote définitif dans l'Assemblée, doit, par la force des choses, être public, collectif et impersonnel. Il ne peut engager aucune personnalité ni aucune responsabilité simple. Dans un vote d'ensemble, dont le résultat, inconnu de ceux même qui y prennent part, est nécessairement-impersonnel, soit que le scrutin soit fait à mains levées, soit qu'il soit public et nominal, la *personnalité simple du vote*, est un *véritable non-sens*.

La conséquence logique de la Constitution des bureaux homogènes, et l'admission du principe, que, dans les assemblées politiques, l'unité organique n'est pas le député, mais le bureau, serait l'abandon absolu, dans les séances publiques et plénières, du vote individuel par tête, vote simple, et qui doit rester propre aux corps simples, non politiques, et son remplacement méthodique par le vote par bureau, vote collectif et impersonnel, propre aux corps politiques et composés. Dès lors, les propositions, les questions, les interpellations, les discussions publiques des chambres ne seraient plus le résultat de décisions, ou d'initiatives individualistes simples, souvent passionnées et généralement mal mûries; elles seraient le produit réfléchi d'un travail collectif de sous-unités variées. Les bureaux homogènes constituent bien, dans l'unité complexe et générale de l'Assemblée, des sous-unités c'est-à-dire des fractions de même nature, parfaitement égales entre elles, soit par leur nombre, soit par le nombre et la qualité de leurs membres. Car ils doivent être tous une fraction égale de l'assemblée entière : 1/7, 1/10, 1/12, 1/15, suivant que l'Assemblée se subdivise en sept, dix, douze ou quinze bureaux; et les députés, de chaque nuance, les personnalités éminentes que produit toujours chaque nuance importante, se font nécessairement contrepoids, de bureau en bureau, et à la tête des bureaux où leur choix doit les appeler.

L'égalité des votes collectifs des bureaux est, d'ailleurs, une conception juridique plus rationnelle, que l'égalité absolue et simpliste des votes individuels des députés. N'est-il pas évident que le principe de l'égalité simple de tous les députés devant l'urne, est une fiction parlementaire, nécessaire sans doute avec le parlementarisme simple, et avec le vote individuel simple, mais en contradiction avec la réalité politique ? L'opinion d'un grand orateur, sous le régime du parlementarisme individualiste et simple, aura toujours une valeur réelle, supérieure à celle de ces utilités, ou, pour employer une expression plus exacte, de ces inutilités législatives, qui composent le plus grand nombre, dans les assemblées actuelles, et dont le rôle, pour beaucoup au moins, consiste à voter, par simple discipline, (ce qui est contraire à l'essence même des corps délibérants, et surtout à celle des corps politiques) à la suite d'un chef accepté.

La substitution de la sous-personnalité morale des bureaux homogènes, à la personnalité simple des députés, dans les votes publics des Assemblées, présenterait l'avantage de rendre très prompts les scrutins publics, et surtout de rendre impossibles toutes les surprises, résultant d'incidents purement individuels ; elle couperait court aux mille agitations et aux intrigues souterraines, sources de corruptions et de compromissions honteuses, qui s'étalent actuellement dans les votes des parlements.

Des bureaux homogènes auraient un esprit de suite, que de simples individualités ne peuvent pas avoir. Accessibles aux seules considérations d'ordre général, ils se tiendraient naturellement, toujours, au-dessus des mesquines considérations de personnes. En eux, par suite de la confiance réciproque que donnerait à leurs membres l'unité de tendance, les discussions, plus intimes et plus sûres, rendraient plus faciles à admettre, même pour ceux qui les auraient combattues, des décisions collectives provisoires, et auxquelles la délicatesse de leur conscience ne répugnerait pas d'une manière absolue, et les votes collectifs, quand ils se produiraient, en séance publique, auraient incontestablement un caractère de maturité, que de simples votes individualistes et d'impression ne peuvent avoir.

N'est-il pas évident, d'ailleurs, que les séances publiques des assemblées, dégagées de toutes les exubérances inconsidérées des personnalités simples, auraient un caractère d'élévation et de dignité souveraine, qui manque trop souvent aux manifestations actuelles de la vie des parlements?

Enfin, toute contestation deviendrait impossible sur l'autorité des scrutins, et sur les votes de la majorité vraie dans les assemblées.

Le vote par bureaux couperait court à la pratique dangereuse du vote pours les absents, qu'il est impossible d'empêcher, dans les assemblées actuelles, et qui permet à plus d'un tiers de nos députés de traiter leur mandat comme une chose dérisoire. Les absences, dans les assemblées actuelles, au moment des votes, sont impossibles à constater, sauf lors des votes, très rares, par appel nominal. Dans les bureaux, au contraire, elles seraient toujours faciles à relever.

D'après la pratique constante des assemblées parlementaires actuelles, elles comportent toujours un nombre de bureaux impairs. Il y aurait donc toujours une majorité bien assurée, et bien incontestable, sans erreurs et sans rectifications possibles, de cinq bureaux contre quatre, ou de six contre cinq, ou de huit contre sept, suivant le

nombre adopté pour la formation des bureaux ;
et, au cas où le vote, à blanc, d'un bureau, laisse-
rait les autres, en parfait équilibre, il serait facile
de faire pencher la balance, s'il n'y avait aucun
autre moyen rationnel acceptable, en investissant
le Président de l'Assemblée, de la fonction de
départager les bureaux.

§ 6

Mais l'admission du principe du vote collectif
par bureaux doit conduire à une conséquence
nouvelle, qui sert de critérium, pour démontrer
la supériorité, politique et relative, de ce mode de
votation, sur le vote individualiste simple, et qui
lui imprime son caractère, spécial et vraiment
politique, de votation en mode composé.

Les bureaux simples, en effet, se placeraient,
naturellement chacun, pour l'étude des projets
de loi, au point de vue, spirituellement défini et
déterminé, que leur inculquerait leur composition
homogène. Ils seraient, dans l'Assemblée, les
organes multiples du travail d'analyse, que toute
pensée complexe et politique doit subir. Mais ce
travail d'analyse, le seul que pratiquent, et encore
incomplètement, les assemblées parlementaires
actuelles, est évidemment insuffisant par lui-
même ; et c'est là une des causes du caractère,
incohérent et contradictoire, des lois de simples
majorités. Après le travail de discussion et
d'analyse, qui a servi à faire ressortir les divergences, un second effort d'esprit, différent du
premier, est nécessaire ; c'est un travail de
synthèse entre les divergences même. Les
Assemblées parlementaires simples ne peuvent
pas, et ne cherchent pas à l'accomplir. Elles ne

renferment en elles aucun élément, ni aucun organe officiel, et méthodiquement constitué, dans lequel un travail de synthèse puisse être collectivement accompli.

Dans le système du vote par bureau, ce travail de second degré, ce travail supérieur de synthèse, se trouverait, au contraire, naturellement dévolu, à un organe, qui a la compétence indispensable pour cette délicate fonction : le bureau général de l'Assemblée.

Avec le parlementarisme simple, les personnalités éminentes qui composent le bureau général, (à part les fonctions des questeurs pour l'administration intérieure, et la police de l'Assemblée, dans laquelle s'absorbe le Président,) n'ont, à jouer lors du vote, aucun rôle particulier. Les qualités supérieures qui distinguent leurs membres, restent, au point de vue de la préparation des lois, sans influence ou sans emploi, noyées qu'elles sont au milieu de la masse confuse des députés, ou annihilées même, par suite de la tradition du parlementarisme simple, qui interdit le vote au Président.

Il deviendrait logique, dans le système du vote collectif par bureau, que le bureau général eut un vote collectif, analogue à celui des bureaux simples, et qu'il fut, comme eux, dans la préparation des résolutions parlementaires, un facteur nouveau, d'une importance spéciale, et d'une autorité égale en principe, prépondérante au besoin, respectivement aux autres bureaux.

Après qu'une première délibération publique, à laquelle le *bureau général ne devrait pas prendre de part active*, aurait fait connaître, par un premier vote collectif et public, l'opinion de la majorité des bureaux simples, le vote du bureau général devrait commencer. Il consisterait à reprendre, dans une délibération privative et secrète, l'examen de la résolution affirmative des bureaux simples, pour en proposer, en séance publique, la confirmation, au cas où elle serait bonne, pour la combattre, au cas où elle serait dangereuse ou inopportune, ou pour l'amender, au cas où elle serait susceptible de perfectionnement. Ce travail de synthèse, fait après les entraînements, quelquefois dangereux, de la première heure, résumé dans un rapport verbal ou écrit, émanant d'une autorité respectée de tous, ne donnerait-il pas à la loi, qui sortirait ensuite d'une deuxième délibération publique, un caractère d'absolue maturité, et ne rendrait-il pas impossibles ces votes d'impressions ou de cabales, qu'une parole éloquente, ou quelqu'intrigue inavouée détermine, et qu'on regrette si souvent d'avoir émis ? Le bureau général exercerait, en réalité sur l'assemblée, le rôle de frein et de contrepoids, que le parlementarisme simple, cherche en vain dans les assemblées doubles, dans les doubles et triples délibérations, et dans des répétitions oiseuses, qui n'aboutissent souvent, que grâce à la fatigue des esprits, et à l'appréhention d'aveux d'impuissance ou de conflits dangereux. Entre une Assemblée et son bureau général, qui doit en être la reproduction réduite et l'image fidèle, il ne peut y avoir, comme entre deux assemblées distinctes, et sans solidarité organique entre elles, ni rivalité, ni conflit à craindre. Il n'y a pas non plus de prépondérance abusive, ni de despotisme possible, puisque les bureaux simples peuvent toujours faire la majorité absolue, par leurs propres votes, avant la seconde délibération, et restent absolument maîtres de la maintenir, contrairement à l'avis du bureau général. S'il y avait une pression anormale à craindre, ce serait plutôt le bureau général qui pourrait y céder, puisqu'il reste toujours par l'élection, sous la dépendance morale et invisible de l'Assemblée, dans laquelle son vote n'a de prépondérance, qu'en cas de partage entre les bureaux. L'un des principes d'organisation intérieure des Assemblées parlementaires individualistes et simples, c'est l'adoption des nombres impairs pour leur subdivision en bureaux: neuf pour le sénat, onze pour la chambre des députés, quinze pour les assemblées uniques, tels sont les nombres de bureaux, consacrés par la pratique des Assemblées françaises; c'est une application logique de la méthode de la majorité absolue simple.

Le principe des nombres impairs recevrait, dans le système du vote collectif par bureaux, avec addition du vote du bureau général, une application particulièrement satisfaisante pour l'esprit. Les bureaux simples, pourraient se constituer en nombre pair. L'imparité nécessaire, pour la majorité absolue, résulterait de la nomination du bureau général. Alors, si après une double discussion publique, les bureaux simples se partagent en deux grands groupes égaux, qui s'équilibrent, le bureau général, par son vote, ferait pencher la balance, de manière à ne laisser aucune incertitude, sur la valeur et sur le nombre des votes définitifs. Si, au contraire, une majorité, formée en première délibération par les bureaux simples, se maintenait à la seconde délibération publique, cette majorité, même contraire au vote du bureau général, serait toujours suffisante pour l'emporter. Le vote du bureau général, en un mot, n'aurait de valeur collective, que celle que devrait avoir aujourd'hui, dans les Assemblées simples, la voix non utilisée du Président. Elle serait prépondérante, quand la prépondérance serait nécessaire; rien de plus.

L'importance relative qu'il est logique, dans le système du vote collectif par bureaux, de reconnaître au bureau général, donnerait réellement satisfaction au principe de statique organique, que j'ai invoqué au commencement de cette étude. Dans le parlementarisme simple, surtout avec le régime républicain, les deux Assemblées, étrangères l'une à l'autre, à raison soit de leurs origines, soit de leurs tempéraments différents; ne peuvent, en cas de désaccord, que s'immobiliser l'une l'autre, ou triompher l'une de l'autre, au risque de compromettre le prestige, et même la raison d'être de celle, qui, comme le Sénat, se résigne à céder presque toujours. Avec le système du bureau général votant à part, (indépendamment des contrepoids extérieurs, dont je ne m'occupe pas ici), le centre de gravité et le contrepoids, pour chaque Assemblée, se trouveraient dans l'Assemblée même, par l'action réciproque des bureaux simples entre eux, des bureaux simples sur le bureau général, et du bureau général sur l'Assemblée. Il n'y aurait là, ni immobilité, ni entrainement, ni despotisme possible. L'avis qui l'emporterait, vraiment impersonnel et collectif, répondrait simplement à des conditions de méthode, que l'expérience a prouvées nécessaires, pour que l'autorité des résolutions législatives ne soit pas entachée d'individualisme, et que l'esprit d'absolutisme des grandes personnalités humaines, cesse de dominer dans les parlements.

§ 7

Pour que le rôle spécial, et quelquefois prépondérant, donné au bureau général, dans l'organisation d'une assemblée parlementaire composée, ne soulève pas d'objection absolue de principe, il faut que le bureau général soit toujours la reproduction exacte, et comme la miniature de l'Assemblée, et qu'il n'y ait jamais à craindre que la minorité puisse en être exclue. Cette garantie, impossible à obtenir, dans des assemblées individualistes et simples, deviendrait la conséquence facile, de l'adoption du vote collectif par bureaux égaux, et de la combinaison des deux principes qui, mal appliqués, président aujourd'hui à l'élection du bureau général; la combinaison de ces principes se traduit par les règles suivantes : 1° L'adoption, conformément à la règle instinctive des assemblées parlementaires simples, de la majorité absolue des bureaux simples, avec prédominance de l'âge, pour l'élection du Président ; 2° Adoption, par contraste, pour l'élection des autres fonctions multiples, Vice-Présidents, Secrétaires et Questeurs, de la règle de la majorité relative, et du principe proportionnel. Le principe proportionnel devra d'ailleurs comporter deux corollaires essentiels : le premier, que le nombre des fonctions plurinominales, de chaque degré, sera toujours une réduction exactement proportionnelle du nombre des bureaux; le second, que le vote de chaque bureau, s'il est plurinominal, sera égal au chiffre résultant de la proportion, entre le nombre des bureaux simples, et celui des sièges du bureau général à remplir. Ainsi, dans une assemblée de seize bureaux simples, le nombre des Vice-Présidents serait de quatre, il serait de trois dans une assemblée de douze bureaux, soit, dans les deux cas, le quart du nombre des bureaux. De même, dans l'une ou l'autre de ces hypothèses, le nombre des Secrétaires serait de huit ou de six, c'est-à-dire, la moitié du nombre des bureaux. Il résultera de cette proportion mathématique, que, pour la constitution du bureau général, le vote de chaque bureau simple vaudra le quart des voix nécessaires, pour conférer un siège de Vice-Président, ou la moitié de celles nécessaires pour conférer un siège de Secrétaire ; et que les bureaux pourront employer indifféremment, pour l'élection du bureau général, soit le bulletin uninominal, soit le bulletin de liste, pourvu qu'ils adoptent, dans chaque scrutin, tous, le même mode de bulletin.

Si l'on emploie le vote uninominal, qui cadre le plus évidemment avec le principe de l'égalité des bureaux simples entre eux, les bureaux seront astreints à s'entendre quatre par quatre, pour s'assurer un siège de Vice-Président, deux par deux pour s'assurer un siège de Secrétaire, et une majorité de douze bureaux sur seize, ne pouvant s'attribuer que trois quarts des sièges, sera impuissante à empêcher quatre bureaux de minorité, d'occuper un siège de Vice-Président, et deux sièges de Secrétaires.

Ce résultat n'a pas besoin de démonstration dans l'hypothèse du vote uninominal par bureaux. Il ressort de la formule proportionnelle suivante, dont l'évidence est éclatante : $16 : 4 :: 1 : 1/4$, la valeur du vote d'un bureau étant $1/4$, les votes de quatre bureaux réunis, sur le même nom, donnent un siège à ce nom. $16 : 8 :: 1 : 1/2$, la valeur du vote d'un bureau est $1/2$, les votes de deux bureaux unis donnent un siège.

Mais il est utile de démontrer qu'on obtiendrait également ce résultat avec le bulletin plurinominal, grâce à la proportion mathémathique, préalablement établie, entre le nombre des bureaux et celui des sièges.

Le bulletin de chaque bureau, dans le système du vote par bulletin de liste, ne devra porter qu'un nom pour les Vice-Présidents, ($1/4$ des sièges à remplir) et pour les Secrétaires quatre noms, ($1/2$ des sièges.) Dès lors, pour que douze bureaux de majorité (et il se trouvera rarement une majorité aussi forte) soient sûrs de trois sièges, il faudra qu'ils forment, entre eux, trois grands groupes, dont chacun sera simplement égal au groupe uni des quatre bureaux de minorité. Pour l'élection des Secrétaires, si la majorité de douze bureaux voulait accaparer les huit sièges, elle se diviserait en deux grands groupes, de six bureaux, dont chacun porterait quatre noms différents sur ses six bulletins, et les huit noms choisis auraient chacun six voix. Mais les quatre bureaux de minorité, à leur tour, pourraient, avec le vote cumulatif, porter sur deux noms, seulement, les quatre voix, dont chacun d'eux disposerait, et donner à chacun de ces deux noms huit voix. Il arriverait donc que les deux candidats de la minorité, assez sage pour s'entendre, et pour porter toutes ses voix, sur le résultat proportionnel, auquel elle aurait droit, obtiendraient les deux premiers sièges de Secrétaires, et que sur les huit candidats de la majorité, deux (les deux plus jeunes d'âge) devraient être écartés, puisque les six plus âgés, venant avec leurs six voix, après les deux élus de la minorité, suffiraient pour compléter le bureau.

Un bureau général ainsi constitué, dans lequel l'Assemblée verrait, comme dans une glace, son image idéalisée, serait nécessairement, pour elle, un lien puissant, qui maintiendrait en elle la cohésion indispensable à sa vitalité. Le Président, par ses communications constantes et personnelles, avec les personnalités, éminentes, comme lui, qui forment toujours le bureau général, serait le lien, qui assurerait l'unité et l'harmonie nécessaire de ce bureau ; et le bureau général, à son tour, serait le centre et le lien commun des bureaux simples, puisque tous y auraient leur attache symétrique propre, et l'organe de leur choix.

Est-il téméraire d'espérer, que, de l'action réciproque et combinée, de l'Assemblée sur son bureau général, et du bureau général sur l'Assemblée, devra se dégager, d'une manière normale, comme couronnement de discussions graves et sereines, d'où sera absente toute personnalité simple, ce courant magnétique, sans commencement ni fin, source mystérieuse, après Dieu, de toute lumière dans les corps moraux, comme la circulation est la source *seconde* de la vie, dans les corps matériels, et dont l'explosion peut seule, dans les Assemblées politiques, remplacer les obscurités de l'épreuve, et les déchirements du doute, par l'éblouissement de la certitude morale et politique, et par l'ineffable union des esprits et des cœurs, dans la joie pure, de la Vérité souveraine, momentanément reconnue et acclamée, dans un de ses aspects humains.

§ 8

La réforme parlementaire dont j'essaie de dessiner les grandes lignes, comporte, pour le travail intérieur des Assemblées politiques, un régime spécial de commissions d'études, sur lequel il est peut-être utile d'entrer dans quelques développements.

Les Assemblées parlementaires à vote individuel, ont pratiqué, en France, deux modes de commissions : 1º les comités techniques permanents ; 2º les commissions éphémères, spéciales, à chaque projet de loi.

Ces deux modes d'élaboration sont, tous deux, jugés par l'expérience. Le premier a conduit la France en 1793, au Comité du Salut public, avec une Assemblée unique et souveraine, et par là, au despotisme anonyme, le plus épouvantable ;

en 1848, il s'est perdu dans une inextricable confusion. Le second, dont les vices, atténués par l'institution monarchique, ne se sont pas nettement révélés de 1815 à 1848, ni de 1851 à 1870, a produit, depuis 1871, avec une seule, comme avec deux Chambres, une telle incohérence législative, que le régime parlementaire en est, aujourd'hui, entièrement déconsidéré.

Les Chambres républicaines s'y tiennent néanmoins, persistant dans la routine de leurs devancières monarchistes, incapables qu'elles sont d'ailleurs d'avoir, en elles, autre chose que des majorités hétérogènes et confuses, de hasard, de haine ou de négation.

Les hommes d'État, imbus de l'esprit gouvernemental, cherchent le remède à l'anarchie parlementaire, dans la constitution d'un pouvoir fort, extérieur aux assemblées, et leur imprimant une direction. Ce n'est pas de là, notre histoire de Cent ans le prouve, que peut venir le salut, pour nos assemblées politiques, et que les peuples, capables de grandir sous le régime de la Représentation politique vraie, trouveront la garantie de leur sécurité.

Si les Assemblées parlementaires individualistes, minent forcément, comme je crois l'avoir établi, tous les pouvoirs monarchistes ou républicains, quelque fortement qu'ils soient constitués, c'est tourner, inutilement, dans un perpétuel cercle vicieux, que de demander, à un pouvoir, quel qu'il soit, dépendant des Chambres, le remède à leur anarchie. C'est dans les Chambres elles-mêmes, qu'il faut trouver les contrepoids, et les conditions, de la stabilité qui leur manquent, et c'est en recherchant simplement les causes diverses et multiples, de l'anarchie et de l'incohérence des corps politiques actuels, qu'on pourra découvrir un remède à leur danger.

La pratique empirique et irrationnelle, (pour

les assemblées politiques) du vote individuel et simpliste, est la cause première, et évidente, de l'incohérence, de l'impuissance, et même de la corruption des Assemblées actuelles ; mais la cause seconde, plus cachée, quoique facile encore à reconnaître, est la méthode même d'élaboration intérieure, par comités ou par commissions ; que l'on trouve dans tous leurs règlements.

Quels sont, en effet, les vices intrinsèques des comités ou des commissions individualistes ?

Les Comités techniques, puissants par le nombre de leurs membres, et surtout par le choix de la majorité qui les a nommés, absolument homogènes entre eux, à raison des affinités d'esprit, qui unit tous les spécialistes de même sorte, deviennent forcément, dans l'Assemblée qui les nomme, comme l'ont été ceux de 1789 à 1795, un organisme d'une importance indiscutable, en face duquel aucun autre, similaire, ne doit et ne peut être constitué. Ces Comités techniques, uniques par matière, sont *dominateurs par nature* ; ils n'admettent, contre eux, aucune discussion, ni aucune résistance ; les membres simples de l'Assemblée, restent donc forcément, devant cet organe unique, à l'état d'individualités sans cohésion, et j'ajouterai, sans compétence. Ils ne peuvent que subir aveuglement des avis, qui sont, en réalité, des lois.

Les Comités de 1848 n'avaient pas, comme ceux de 1793, d'attributions bien nettement définies. D'ailleurs, l'Assemblée en a combiné le jeu avec celui des commissions, spéciales aux plus importantes de ses lois. Aussi les Comités de 1848 n'ont-ils été que des conceptions hybrides ; ils se sont annihilés dans d'énervants conflits d'attributions, ou dans des discussions byzantines sans résultats.

Les Commissions éphémères, spéciales à chaque projet de loi, qui, constituent le mode actuel d'élaboration intérieure, de nos Assemblées républicaines, comme elles l'ont été, pour les Assemblées monarchiques de 1815, de 1830, et de 1852 ont rarement abouti, (sauf les grandes commissions du budget exclusivement républicaines,) à la domination des Assemblées qui les avaient nommées. Mais à cause du principe même qui préside à leur élection, elles ont toujours produit l'incohérence, dans les discussions publiques et dans les lois.

Ces commissions, en effet, sont, par la force des choses, et presque par principe, mélangées d'éléments hétérogènes entre eux, à raison même des majorités contradictoires entre elles, qui se produisent dans les différents bureaux. Elles peuvent paraître, par suite, au premier abord, constituer un organe d'études d'une valeur supérieure aux comités spéciaux. Les opinions contraires s'y combattent ; et devraient pouvoir se ramener à la mesure nécessaire, et à une certaine unité ; l'opinion de majorité définitive qui s'y forme peut paraître éclairée.

Mais cette supériorité apparente des commissions mélangées n'est qu'un trompe-l'œil ; il est facile de se convaincre, qu'elles deviennent, en réalité, des Comités déguisés.

Quand un projet de loi est soumis aux bureaux des Chambres actuelles, il est de règle que la nomination des Commissaires y soit précédée d'une discussion, dite sommaire, discussion nécessairement superficielle, et à laquelle la plupart des députés sont mal préparés. Cette discussion suffit néanmoins, pour qu'une majorité et une minorité se dessinent dans chaque bureau ; et pour que l'opinion, et le vote ultérieur, des futurs commissaires soit *définitivement engagés*. La majorité respective de chaque bureau, donne, en effet, à ses mandataires élus, une sorte de mandat défini, et moralement impératif, au devant duquel ils sont allés eux-mêmes, dont ils ne peuvent pas s'affranchir, sans se démettre ; qu'il doivent au contraire mettre tous leurs soins à faire prévaloir dans la Commission.

La majorité d'ensemble, qui se constitue hâtivement entre les commissiaires élus, devient, par suite, par la force même des choses, dans la commission, ce qu'ont été les Comités techniques dans les Assemblées uniques ; elle y est un organisme, qui a son individualité propre, moins forte, sans doute, que celle des Comités techniques, mais par cela aussi, plus inquiète sur son existence, et surtout moins bien éclairée. Dès lors, tous les efforts de cet organisme nouveau ont un double but : se maintenir seul à l'état d'être collectif, légalement organisé, d'abord dans la Commission, puis, par la Commission, dans la Chambre ; empêcher la minorité de pénétrer en lui, ou dans son œuvre, par quelque fissure ; maintenir les membres de la minorité, et maintenir la Chambre toute entière, respectivement à lui, à l'état d'individualités simplement numériques, et sans aucune cohésion.

C'est là le vice propre et fondamental des Commissions éphémères, mélangées, nommées par la Chambre entière. Elles ouvrent la lutte politique, qui ne devrait avoir lieu, que dans la chambre, et en séance publique, avant l'heure psychologique, et à un moment où la lutte des idées ne peut pas être éclairée ; elles l'ouvrent, dans des conditions d'inégalité irréductible, entre la majorité et la minorité. Elles engagent, pour l'Assemblée, des *décisions générales* de principes, avant que les principes n'aient pu être méthodiquement élucidés.

Quel serait, au contraire, dans le mécanisme du vote, par bureau homogènes, le mode d'élaboration nécessaire de toutes les résolutions de la Chambre ?

Tous les bureaux sont, en réalité, de véritables

sections, hétérogènes entre elles, d'études, qui doivent faire, chacune, au point de vue de la nuance politique spéciale, sous laquelle le bureau est constitué, la première discussion sommaire du projet de loi présenté aux chambres. Au moment ou les bureaux aborderaient ce premier examen, aucune discussion de principe politique, ne pourrait, à raison de leur homogénéité même, naître en aucun d'eux. Si le projet est simple, s'il répond aux tendances générales et *préexistantes* du bureau, l'opinion de ses membres se manifestera, sans qu'il y ait besoin d'études techniques, avec l'unanimité morale, et par suite, avec la puissance collective, qui sera la conséquence de l'homogénéité du bureau. Après cette première manifestation morale, qui ne sera encore que provisoire, le bureau n'aurait qu'à nommer son rapporteur, et les orateurs chargés, en séance publique, de soutenir son opinion de premier jet.

Mais comme l'opinion provisoire, et individuelle, pour ainsi dire, du bureau, trouvera immédiatement son contrepoids, dans les opinions des autres bureaux adverses, cette opinion, sommaire et hâtive, ne présentera aucun danger.

Si le projet de loi est complexe (et ce sera le cas général), chaque bureau devra nommer, soit un simple rapporteur, chargé de lui présenter les aspects divers du projet, soit une petite commission d'études, de trois à cinq membres, qu'il prendra naturellement parmi les spécialistes réunis en lui.

L'expérience prouve que les Commissions nombreuses aboutissent toujours à la confusion, à moins de subir l'ascendant de quelques personnalités dominatrices. En elles, le principe de la division du travail, et surtout celui de la nécessité du travail personnel, sont forcément méconnus.

Dans les cas tout à fait exceptionnels, où un bureau voudrait, à raison de la complexité d'un projet de loi, nommer des Commissions de plus de cinq membres, il faudrait que ces commissions fussent elles-mêmes subdivisées en autant de sous-commissions techniques, qu'il y aurait de matières spéciales à étudier, en sorte qu'il y eut autant de rapporteurs, que de matières à élucider.

Un bureau de cinquante membres pourrait ainsi faire fonctionner simultanément douze à quinze petites commissions, et faire étudier simultanément, d'une façon sérieuse, douze à quinze projets de lois.

Tous les amendements seraient, comme les projets de lois, communiqués, et par suite sérieusement examinés dans les bureaux.

Douze petites commissions, dans une chambre de douze bureaux, représenteraient de trente-six à soixante membres, attachés simultanément, à un travail effectif et personnel, à douze points de vue différents, devant tendre d'ailleurs à se raccorder à un but unitaire d'intérêt général.

Aujourd'hui, sur les trente-trois membres qui composent les grandes commissions, ou sur les vingt-deux ou les onze des commissions ordinaires, on peut affirmer qu'il y a à peine, sauf pour le budget, cinq à dix membres qui fassent un travail effectif. Dans les petites commissions, l'assiduité et la présence des membres serait facile à concerter. Elle serait en quelque sorte forcée.

Dans les commisions actuelles, le concert pour les réunions, à raison du grand nombre des membres, est impossible. Le défaut de présence est, comme aux séances publiques, une de ces plaies secrètes, dont le public ne soupçonne pas l'importance, mais qu'on ne peut pas supporter longtemps, sans que l'opinion finisse par les voir, et s'en révolter.

Dans le système des commissions actuelles,

les divergences de vues se manifestent, par des discussions directes, d'autant plus troublantes, que les principes sont moins bien élucidés.

Dans le mécanisme des bureaux homogènes, les discussions des principes se produiraient, sans choc direct de membre à membre, par juxta-position, pour ainsi dire, de bureau à bureau, et sans que des questions personnelles puissent y être mêlées. La rencontre même des principes divers, que les bureaux auraient adoptés, se produirait, dans l'Assemblée, comme le confluent des sources, aboutissant à un réservoir commun.

Ce n'est, en effet, qu'après la première élucidation, simple et séparée, de principes divers, engagés dans toute conception politique, après leur accumulation, et leur mélange encore confus, dans le cadre commun de l'assemblée plénière, que la fermentation d'une discussion publique, destinée à leur imprimer le caractère, la netteté et la précision, qui en feront des vérités complexes et politiques, peut être utilement commencée.

Pour acquérir le caractère politique, les petits courants simples et divergents d'opinion, doivent se réduire tous, méthodiquement, dans le cadre général de l'Assemblée, qui les renferme et les enserre, à deux grandes directions, celle dite de majorité, et celle dite de minorité, divergentes et parallèles, en apparence, mais qui ne sont, en réalité qu'un seul courant. Pour l'observateur superficiel, ce courant paraît double; on se croirait en présence de deux fleuves absolument distincts, parallèlement inverses l'un de l'autre. Ces deux courants doivent être, dans une assemblée vraiment politique, ce qu'est le sang artériel et veineux, dans le corps humain. La science humaine, n'a reconnu que depuis moins de trois siècles, l'existence, l'unité et la règle de l'unité, des deux courants, solidaires, contraires et parallèles, de la circulation et de l'épuration du

sang. Elle reste encore impuissante à définir et
à appliquer, les règles divines et protectrices, des
deux courants organiques, contrastants et solidaires, de la circulation des idées, dans ce qu'on
appelle les majorités et les minorités politiques.
Mais cette impuissance de la science des hommes,
ne saurait tarder trop longtemps à disparaître,
devant les épreuves même des régimes représen-
tatifs, et grâce aux leçons, que les hommes
politiques de l'avenir, tireront des expériences
malheureuses de ceux qui les auront précédés.
La majorité et les minorités n'ont de caractère
vraiment politique, qu'autant qu'elles soient,
respectivement l'une aux autres, comme les deux
courants, contraires en apparence, de la circulation du sang, et qu'elles remplissent, respectivement et alternativement entre elles, le rôle des
moyennes proportionnelles, doubles et unis, dans
les proportions arithmétiques. Elles sont, comme
ces moyennes, une seule unité numérique, et en
même temps, ce sont deux fractions, égales entre
elles d'une même unité supérieure, concrète et
composée. En dehors de l'unité invisible et
supérieure dont elles sont les parties, elles n'ont,
comme les moyennes proportionnelles, ni
existence visible ni personnalité saisissable. Elles
sont, dans l'Assemblée où elles se forment, de
simples entités psychologiques, qui doivent
s'évanouir, comme une fumée, à l'instant où elles
réussissent, à force de s'étreindre, à reconnaître
la solidarité cachée sous leurs contrastes, et à se
fondre l'une dans l'autre. Elles représentent,
dans leur solidarité organique et nécessaire, les
deux aspects d'une idée complexe ; mais elles ne
renferment encore, ni l'une ni l'autre, l'idée
politique, image de l'idée religieuse, c'est-à-dire
l'idée souveraine, nette, claire, d'une frappe
irréprochable et absolument impersonnelle. Pour
donner à leurs conceptions l'éclat lapidaire des

idées justes, la majorité et la minorité du premier
jet, doivent se tremper ensemble, dans une
seconde épreuve d'élaboration, supérieure à
toutes considérations de personnalités humaines,
seconde épreuve, dont tous les règlements
intérieurs des assemblées actuelles reconnaissent
l'impérieuse nécessité, mais qu'ils traduisent mal,
dans leurs deuxièmes et troisièmes délibérations.
Jusqu'à la seconde ou la troisième délibération
des Assemblées représentatives actuelles, les
opinions de majorités et de minorités ne sont
encore que des opinions humaines, incomplètement concentrées, incomplètement élucidées, par
conséquent, éphémères, mobiles, et, au point de
vue purement rationnel, équivalentes entre elles,
entre lesquelles la raison qu'il est permis d'appeler supérieure, la raison vraie, n'a pas, en elle
seule, de motif absolu d'opter. L'opinion concrète
de mille hommes ne vaut pas, psychologique-
ment, mieux que l'opinion contraire de cent. Le
nombre seul, que la raison, simplement scientifique et individuelle, subit et encense, n'est pas, en
politique, pas plus qu'en religion, un critérium de
la valeur des principes et des idées.

La simple supériorité numérique est-elle,
néanmoins, par suite des impuissances humaines,
et pour la raison politique pratique, un signe
suffisant, non pas de domination absolue (car
dans les assemblées vraiment politiques, tout
principe de *domination absolue* doit être sévère-
ment éliminé), mais de prépondérance, au profit
d'un seul des courants politiques humains sur
l'autre, quand ils ne réussissent pas à avoir la
pleine conscience de leur solidarité ? Oui, incontestablement, cette supériorité numérique justifie
la prépondérance des majorités ; mais légitime-t-
elle leur despotisme, et l'annihilation absolue du
courant contraire ? Justifie-t-elle la perte évidente
de l'idée complémentaire, et de la force, positive

ou négative, renfermée dans le second courant ?
On peut l'admettre, comme aujourd'hui, provisoirement toutefois, si l'on croit avoir épuisé tous
les moyens humains, de ramener les divergences,
et les inégalités numériques, signes de la force et
de la puissance purement matérielle, à l'égalité
psychologique, et à l'équilibre juridique, qui sont
la marque et la règle du droit parmi les hommes.
Mais s'il reste un moyen humain, plausible, de
tenter de ramener les inégalités numériques
simples, à l'égalité morale et juridique, si l'on
entrevoit que l'on pourrait réunir, sur les
opinions concentrées et dualistes, le double signe
de leur égalité psychologique, et de leur égalité
numérique (comme opinions purement humaines),
il faut essayer d'y parvenir.

Les assemblées parlementaires simples de
notre temps tiennent pour impossible de tenter
cet effort; elles ne sont pas constituées de manière
à pouvoir le tenter. La pratique décevante de
leurs deuxièmes ou troisièmes délibérations, où
elles tournent dans le cercle vicieux de la loi
simple loi du nombre, ne leur permet pas de
s'élever au-dessus de l'individualisme de leurs
membres, et de dominer les faiblesses des considérations personnelles. Sous cette préoccupation
de leur impuissance, elles se résignent à subir
en elles, et à faire subir aux nations, dont elles
ont la direction (autant qu'il est donné à l'homme,
resté simplement individuel, de participer à la
direction suprême de ses sociétés politiques).
Elles se résignent à cette loi brutale et simpliste
du nombre, contre laquelle la raison, la conscience,
l'instinct des masses, et les expériences même
des types, éprouvés jusqu'ici, des assemblées
parlementaires simples, ne cessent de protester.

L'essai d'une réforme parlementaire, que je voudrais pouvoir élucider assez bien pour être écouté,
cherche quelque chose au-dessus de cette loi.

Dans le plan d'une assemblée votant par bureaux homogènes, les conditions d'une deuxième délibération publique, sont absolument différentes de celles de la première, à cause des ententes possibles, non pas inviduelles, mais collectives, de bureaux à bureaux, sous la haute et impartiale autorité du bureau général. Dans les deuxièmes et troisièmes délibérations actuelles, la majorité reste seule, à l'état organique, individualisée dans sa commission. Dans une assemblée à vote collectif, par bureaux, la majorité et la minorité resteraient, toutes deux, en en face l'une de l'autre, après la première délibération, élevées toutes deux au-dessus de l'individualisme de leurs membres, sans qu'aucune d'elles ait cependant de personnalité légale; toutes deux s'affirmeraient, dans des conditions égales de demi organisation sommaire, avec des différences, sans valeur réelle de poids et de chiffres, affirmant toutes deux, nettement, les raisons de leurs divergences, et offrant, par conséquent, à la raison politique des esprits supérieurs, des points précis, définis, et nettement déterminés, sur lesquels l'action du bureau général pourrait se porter.

Jusqu'à l'intervention du bureau général, dans une deuxième délibération plénière, il ne devrait point être présenté à l'Assemblée de rapport d'ensemble. Ce rapport unique serait l'œuvre du bureau général. On voit quelle supériorité ce rapport présenterait sur celui d'une simple Commission parlementaire, et surtout, quelle supériorité il donnerait, à une seconde délibération d'une Assemblée, à votes collectifs, sur les deuxièmes et troisièmes délibérations des Assemblées actuelles, à vote individuel simple. Le bureau général aurait, comme champ bien défini de ses investigations, des éléments multiples, et déjà presqu'entièrement élucidés; de la hauteur où il siège, il aurait pu saisir bien des points de contact, dissimulés sous des incompatibilités apparentes; il pourrait écarter bien des malentendus, fondre bien des dissidences, séparées à peine par des espaces insensibles; il serait, particulièrement pour les bureaux neutres et modérés, toujours désireux de transitions moyennes, un point d'appui, qui leur fait aujourd'hui défaut, pour assurer des transactions ménagées; il pourrait enfin déterminer entre les bureaux simples, sans qu'il y eut immobilité de la balance politique, l'égalité numérique, concordant avec l'égalité psychologique, des opinions humaines, politiques, concrètes, solidaires et dualisées.

Le principe de l'équivallence des opinions politiques humaines, sur lequel repose cet essai d'une réforme parlementaire, serait, à la fois, dans les Assemblées représentatives, une application de la loi scientifique, de la balance et de la solidarité des contrastes, et de la loi chrétienne du renoncement à toute volonté individuelle simple. Ce serait l'absorption, par la *confusion juridique et méthodique*, de toute raison particulariste, en une raison supérieure, mais relative, qui assurerait à tous, dans les heures de crises, un abri de droit commun politique, momentanément acceptable. Ce serait, en un mot, (l'idéal religieux de tous et de chacun restant intact, dans le sanctuaire de la conscience individuelle), une extension nouvelle, sur le terrain politique, de la loi du sacrifice personnel, dans un sentiment de solidarité nationale et de mutuelle charité, au sens vraiment chrétien du mot.

De quels précédents, me suis-je inspiré, pour oser critiquer le mode d'élaboration intérieure, consacré par la pratique séculaire de nos Assemblées parlementaires, et pour y proposer une innovation, que je ne puis appuyer d'aucune autorité?

J'ai demandé le principe de cette méthode, à la méthode des délibérations intérieures de nos tribunaux, devant lesquels j'ai milité toute ma vie, où il est interdit aux juges, en vertu de la loi tutélaire, du secret professionnel, de manifester aucune opinion personnelle, en dehors dés délibérations plénières du tribunal, et où, dans les causes graves, de partage et de compte, un juge rapporteur doit faire un rapport, éclairant les principes engagés et les intérêts contradictoires, exposant, avec la plus consciencieuse impartialité, toutes les *raisons du pour et du contre*, sans laisser percer son opinion personnelle; je me suis inspiré de la méthode de la Cour de cassation, qui n'ayant plus à connaitre du fait, mais renfermée dans la haute région dès principes, ne se prononce sur les principes qu'après des rapports lumineux, qui fouillent tous les enseignements du passé sur la question soumise, et qui, véritables monuments de la science juridique de leurs auteurs, ne doivent pas non plus laisser percer d'opinion personnelle, avant le moment psychologique de la délibération plénière de la Cour; je me suis inspiré enfin de la méthode des délibérations du conseil d'Etat, qui, préparées par des rapports de même nature que ceux de la Cour de cassation, élèvent au-dessus des exubérances des personnalités humaines, les délibérations plénières et les décisions collectives du conseil; et qui ont rendu si féconde, au commencement de notre siècle, la collaboration, *purement consultative*, du conseil d'Etat, dans la codification de nos lois sociales et civiles, restées des modèles de clarté, de maturité et de sécurité pour tous, alors que nos lois politiques, toujours improvisées, et dénuées de préparation suffisante, dans le sein de nos assemblées législatives, n'ont été que des modèles d'incohérences, et des causes de violentes révolutions.

Si j'osais invoquer comme germe de mes critiques contre les pratiques actuelles des Assemblées politiques humaines, les pratiques de l'Eglise, préservatives des entraînements individuels et des décisions hâtives, en matière de foi, et de discipline religieuse, je dirais que les modifications que je propose, pour l'élucidation des projets de lois dans les Assemblées politiques, ne sont que d'imparfaites et indirectes reproductions, des garanties humaines, de sagesse, de prudence et de rectitude spirituelle, qui ont toujours présidé au développement de la vérité catholique, et à la préparation des décisions des conciles et des Papes, pour l'exercice, à travers les siècles, de leur Magistère suprême sur l'Eglise et sur le Monde.

L'Eglise a mis dix-neuf siècles, protégée par le seul rayonnement de sa puissance morale et disciplinaire, pour constituer et développer progressivement en elle, sur le fondement posé par Jésus-Christ, les organes intérieurs, du gouvernement des âmes, dont elle a la charge, organes qui lui ont permis de proclamer solennellement de nos jours, comme couronnement de ses moyens d'action sur les hommes, le dogme de l'infaillibilité du Pape.

Quelles sont, sous l'action divine toujours immanente et invisible, les garanties humaines et les conditions de cette infaillibilité ? Le concile du Vatican ne l'a point dit. Il n'appartient qu'à l'Eglise de combler cette lacune. A cause d'elle, la définition très nette de l'infaillibilité du Pape, faite après dix-neuf siècles, a paru à beaucoup de chrétiens une sorte d'innovation ou une hardiesse inopportune. Elle a donné lieu, en dehors de l'Eglise, à un redoublement de défiances et d'hostilités contre la religion.

Mais ces garanties existent ; elles sont nécessaires, de nos jours surtout, pour les développements sociaux, et peut-être, pour les développements politiques du christianisme. Elles existaient *immanentes* bien que non écrites, avant la proclamation officielle du dogme ; elles se développeront et s'écriront encore après, parallèlement aux développements même, que prendra, dans le XXᵉ siècle, le droit international, public et privé, dont la papauté a été et restera un des facteurs essentiels. Pie VII, prisonnier à Savone, disait à M. de Chabrol, le préfet préposé à sa garde par le grand César moderne, que, sans elles, il ne pouvait pas « *faire le Pape* ». Les deux grands Papes du XIXᵉ siècle, Pie IX, et surtout Léon XIII, enfermés dans le Vatican par la Révolution Italienne, ont été entravés quelquefois, paralysés par leur absence, dans l'exercice de leur Souverain Pontificat.

Néanmoins leur souveraineté intangible est restée humainement garantie, grâce à l'appui, extérieur et matériel, que la France a pu provisoirement lui donner de 1848 à 1870, puis grâce aux appels que les papes Pie IX et surtout Léon XIII ont pu faire, moins éprouvés que Pie VII, aux libertés modernes de l'opinion publique et de la presse, libertés qu'il est permis d'appeler, les fruits de l'arbre de la science du bien et du mal, dans les sociétés modernes, les plus avancées en civilisation.

Un jeune érudit français, M. Georges Goyau, vient d'exposer, (le Vatican, les Papes et la Civilisation, Paris, Firmin Didot), avec une science de l'exégèse chrétienne, à laquelle le cardinal Bourret, évêque de Rhodez et de Vabres a rendu hommage, quelle a été, sous l'action invisible de Dieu sur le corps de l'Eglise, la formation lente, historique et humaine de l'organisme intérieur, complexe et indivisible, qui a toujours permis à l'Eglise de sauvegarder, intacte et immuable, la vraie doctrine catholique, seule

universelle, en se pliant, sans jamais rompre, à
toutes les nécessités, humaines et contingentes
de temps, de circonstances et de lieux, par
lesquelles elle a été successivement éprouvée.
Grâce à cet organisme intérieur, siège de l'action
divine, l'Eglise a triomphé du savant despotisme
de l'ancienne Rome, de la grossièreté des barbares
destructeurs du césarisme antique, et des exubé-
rantes brutalités légales du Moyen-Age, dont
nous ne savons pas encore abandonner les
pratiques néfastes; elle triomphera des violences
légales et des hypocrisies des gouvernements
modernes, qui essaient de raviver contre elle et
contre les peuples, le vieil arbitraire romain.
Les organismes politiques intérieurs des
nations, définitivement constitués, ne peuvent
pas être, du reste, de simples et pures imitations
des organes intérieurs de l'Eglise. Ceux-ci ont
leur source et leur fondement directs, dans
l'institution divine elle-même; l'action de l'Eglise
se produit, par suite, comme venant invisiblement du ciel, et elle doit pénétrer, invisiblement,
jusqu'aux profondeurs les plus cachées du cœur
de l'homme et de ses sociétés.

Les organismes politiques humains doivent au
contraire, sourdre de ces profondeurs même, et
s'élever par degrés invisibles, solidaires et
ouverts les uns aux autres, en s'épanouissant
visiblement vers les sommets.

Mais, pour leur fonctionnement normal, les
organismes politiques intérieurs des nations
définitivement constituées, ne peuvent méconnaître, sans s'atrophier et se corrompre, les
garanties de méthode, indiquées sous les voiles
à demi transparents des paraboles évangéliques,
paraboles auxquelles Jésus-Christ, se mettant à
à la portée de la faiblesse d'esprit des hommes, a
eu systématiquement recours, pour leur faire
entendre par des exemples, pour ainsi dire,

matériels, plus probants que les vains raisonne-
ments des hommes, que ce qu'il veut d'eux, c'est
leur adhésion, pleinement volontaire et réfléchie,
à la parole du Verbe *sans aucune pression*. Le
Verbe divin, pour régner sur les hommes, n'a
besoin d'aucune contrainte légale et il ne
comporte *aucune violence contre son propre esprit,
dans les Assemblées régulatrices*, que les hommes
constitués par nations, doivent apprendre à
organiser en eux, pour assurer les développements, et les progrès méthodiques de leurs
sociétés politiques.

L'ensemble des conditions méthodiques d'élaboration intérieure, qui serait, pour la France, la
conséquence logique de la substitution au vote
par tête, du vote collectif et impersonnel, par
bureau, dans une assemblée politique plénière,
peut se résumer en deux grandes séries de
lignes, à la fois divergentes et convergentes, les
unes négatives du passé, qui a laissé voir ses
vices, les autres positives, s'orientant vers un
avenir auquel notre génération anxieuse aspire :
A, lignes négatives : pas de comités techniques
généraux ; pas de commissions générales, petites
ou grandes, *émanant de l'Assemblée entière, et
participant prématurément à sa nature politique
et plénière*, parce que ces commissions y deviennent forcément, comme des Etats dans l'Etat ;
pas de commission d'initiative, (chaque bureau
homogène étant, par lui-même un élément
modérateur capable de couper court aux excen-
tricités purement individuelles) ; pas de groupes
absolument autonomes et non solidaires, parlementaires ou extra-parlementaires ; pas de
majorité absolue, omnipotente, ni de minorités
sacrifiées, dont la première reste seule, comme
aujourd'hui, incorporée dans le cadre d'une
commission organique, et dont la seconde ne
survit à une première délibération qu'a l'état de

molécules, sans cohésion ; en un mot, pas d'individualilé propre, ni pour les majorités, ni pour les minorités d'une première délibération ; B, lignes positives : de simples rapporteurs ou de petites commissions homogènes, restreintes, dans leur action, aux bureaux même qui les auront nommées ; équilibre de ces petites commissions les unes par les autres ; balance et solidarité organique des bureaux entre eux ; aucune discussion *politique, directe et officielle*, ni entre les bureaux, ni entre leurs membres, en dehors des séances publiques et plénières de l'Assemblée ; la discusssion politique, réservée, aux deux seuls moments psychologiques, où elle peut être fructueuse, au seul cadre de l'Assemblée plénière qui la comporte, et dans les conditions d'impersonnalité et de publicité, qui sont l'essence de la politique comme de la justice ; le bureau général, faisant seul, après une première délibération. publique et plénière, l'office de commission générale d'étude, parce que, seul, à raison de sa composition complexe et proportionnelle, il a compétence pour élaborer des projets de résolutions définitives, sur lesquelles l'Assemblée se prononcera en pleine connaissance de cause ; tel est, dans son économie générale, l'essai d'une réforme parlementaire sur lequel j'ose appeler l'attention. Ce n'est, comme on le voit, qu'un simple procédé méthodique ; il n'engage qu'une simple question de règlement. Pas n'est besoin pour en apprécier l'utilité pratique, ni surtout pour en tenter l'épreuve, de faire de révolutions, ni de toucher à aucune loi dans l'Etat. Il suffit que les maitres qui nous gouvernent aujourd'hui, consentent à admettre qu'ils ont pu se tromper, et que la méthode de délibération, dontils se servent, pour fabriquer leurs lois, est peut-être susceptible de quelqu'amélioration.

Me sera-t-il permis pour bien rendre, par une

image symbolique, la pensée maîtresse de cet essai, de comparer les majorités et les minorités inconsistantes des assemblées parlementaires actuelles, à des monceaux de grains de sable, sur lesquels rien ne peut s'édifier ? et est-ce une chimère d'espérer, que des blocs compacts de bureaux homogènes, cimentés chacun par des principes communs, reliés entre eux par le bureau général, seraient, pour les hommes d'Etat, des assises solides et régulières, sur lesquelles il leur serait permis de bâtir ?

§ 9

Pour bien faire ressortir le caractère pratique de la méthode nouvelle, dont je viens d'exposer les grandes lignes, j'ai pensé qu'il serait utile de la résumer, sous la forme concrète et précise d'un projet de règlement intérieur, pour une assemblée parlementaire, complexe et composée.

Comme cadre d'une rédaction méthodique, et par articles, qui permette de bien saisir, comment la transition serait possible, et même facile, entre les assemblées simples actuelles, et une assemblée composée, pondérée et vraiment politique, j'ai pris le règlement actuel du Sénat, en date du 31 mai 1876. J'ai choisi ce règlement comme cadre, de préférence à celui de la Chambre des Députés, parce qu'il est aussi celui du congrès, c'est-à-dire de l'Assemblée Française, demi-complexe, la plus haute, en laquelle s'incarne, de nos jours, le principe indiscutable de notre souveraineté nationale. J'ai éliminé, de ce règlement, les articles qui m'ont paru consacrer la pratique malsaine, en politique, de l'individualisme pur, des membres de l'Assemblée, ou de l'individualisme, sans contrepoids, des commissions et des groupes. J'ai cherché à les remplacer par des articles nouveaux, très simples, en concordance avec les trois principes, qui m'ont servi de guides, et surtout avec le principe chrétien du renoncement, à toute personnalité de l'esprit.

PROJET DE RÈGLEMENT

PRINCIPE GÉNÉRAL

ART. 1. — Le vote individuel, par tête, est abrogé, dans les séances publiques de l'Assemblée.

Les votes, les interpellations, les questions, et les propositions d'initiative parlementaire ne peuvent s'y produire, que sous forme collective d'opinions de bureau. (*art. nouveau.*)

CHAPITRE PREMIER

Constitution de l'Assemblée

§ 1er

Bureaux simples

ART. 2. — L'Assemblée, dans sa première réunion, a un bureau provisoire, composé de ses trois doyens d'âge, et de ses six plus jeunes membres.

Le premier doyen préside.

Les deux plus jeunes membres font fonctions de Secrétaires.

Les autres membres font fonctions d'Assesseurs.

Cette réunion a pour but : 1° L'appel nominal des membres ; 2° la constatation du nombre nécessaire pour délibérer : Ce nombre est de la moitié plus un des élus ; 3° le renvoi de l'Assemblée dans ses bureaux. (*art 1ᵉʳ modifié.*)

Art. 3. — L'Assemblée (supposée de 600 membres,) se divise en douze bureaux de quarante-cinq à soixante membres chacun.

Les bureaux se forment, non par voie de tirage au sort, mais par le choix personnel des membres de l'Assemblée, et en vertu du principe de l'affinité de leurs tendances générales, résultant de leurs professions de foi.

Si les bureaux ne sont pas formés spontanément, dans les vingt-quatre heures de la clôture de la première réunion, les membres non classés ou absents, seront répartis, le surlendemain, par le bureau provisoire, dans les bureaux incomplets, dont la nuance se rapprochera le plus de leurs professions de foi, ou de la nuance des électeurs qui les auront élus. (*art. N.*)

Art. 4. — Chaque bureau est présidé, à sa première réunion, par le doyen d'âge, et a pour Secrétaires ses deux plus jeunes membres présents.

Il se constitue définitivement, le surlendemain de l'ouverture de l'Assemblée, par la nomination d'un Président, de deux Vice-Présidents, et de trois Secrétaires. (*art. 11 modifié.*)

Art. 5. — La composition des bureaux pourra être modifiée, au bout d'un mois, par des échanges, de membre à membre, sans que l'on sorte du nombre de quarante-cinq à soixante membres par bureau.

Après le premier mois, les bureaux procéderont

à une nouvelle élection de leurs dignitaires ; les membres sortants pourront être réélus. L'élection aura lieu pour la durée de la session. De nouvelles élections seront faites à l'ouverture de chaque session ordinaire.

D'autres permutations pourront avoir lieu pendant la durée de la session ; mais elles ne donneront plus lieu à réélection. (*art. N.*)

ART. 6. - Les séances des bureaux seront secrètes.

La présence de la majorité absolue des membres est nécessaire, pour la validité des délibérations et des décisions.

Les votes sont individuels ; nul ne pourra voter pour un absent. Le procès-verbal constatera les noms des membres présents.

Les votes se feront à mains levées, ou par appel nominal, avec inscription des noms, sauf pour les élections.

Les élections auront lieu par bulletins écrits et non signés, conformément aux articles 13 et 14 ci-après.

Les votes par appel nominal, avec inscription des noms au procès-verbal, doivent être demandés par écrit, signé du quart des membres présents.

Le procès-verbal de chaque séance restera secret.

Toutefois, il pourra être communiqué de bureau à bureau, et même aux électeurs, sur demandes écrites, adressées au Président. Des extraits peuvent en être délivrés. (*art. 12 modifié.*)

ART. 7. — Les bureaux, après lecture des projets de lois, et, avant toute discussion aboutissant à un vote de principe, nommeront un ou plusieurs rapporteurs provisoires, ou de petites commissions provisoires de trois membres au plus, pour l'étude de chaque projet de loi. Les rapporteurs ou les commissions provisoires, se borneront à exposer les raisons pour et contre, sans conclure personnellement.

Après la discussion et le vote sur les rapports provisoires, les bureaux émettront leur vote; ils nommeront chacun un rapporteur définitif, et, s'ils le jugent utile, un orateur, chargés de soutenir, en séance publique et plénière de l'Assemblée, l'opinion collective adoptée dans le bureau. (*art. 13 et 14 mod.*)

ART. 8. — Il est interdit aux bureaux simples, de nommer entre eux des comités, ou des commissions générales pour quelque objet que ce soit. (*art. N.*)

ART. 9. — Les bureaux communiquent entre eux ou avec les ministres par leurs Présidents, ou par des délégués spéciaux nommés par eux. (*art. 25 et 26 mod.*)

ART. 10. — Les votes, propositions, interpellations ou questions, arrêtés par les bureaux, à la majorité absolue de leurs membres, sont transmis par leurs Présidents, au Président de l'Assemblée.

Dans les scrutins de l'Assemblée, les votes ne peuvent plus être individuels. Chaque bureau simple a une voix, quel que soit le nombre des membres qui ont pris part à leurs délibérations intérieures (*art. N.*)

ART. 11. — Tous les mois, les Présidents des bureaux remettent au Président de l'Assemblée l'état des membres des bureaux absents, sans motifs légitimes.

Le Président de l'Assemblée, sur le rapport des Questeurs, prescrit la publication au *Journal officiel*, des noms des absents, et du nombre de leurs absences constatées. (*art. N.*)

§ 2

Bureau général ou composé

ART. 12. — Les bureaux simples, immédiatement après leur constitution propre, procèdent à une délibération préparatoire, pour l'élection du bureau général.

L'élection du bureau aura lieu le lendemain dans les bureaux, puis en séance publique et plénière de l'Assemblée (art. *3 mod.*)

ART. 13. — Le bureau général comprendra : 1° un Président; 2° quatre Vice-Présidents; 3° huit Secrétaires; 4° trois Questeurs. (art. *4 mod.*)

ART. 14. — Le Président est nommé à la majorité absolue des votes collectifs des bureaux simples.

En cas d'égalité, au second tour de scrutin, le plus âgé est élu. (art. *5 et 6 mod.*)

ART. 15. — Toutes les autres fonctions de bureau sont conférées au scrutin de liste proportionnelle.

Chaque bulletin de bureau ne pourra porter plus de la moitié plus un des noms à élire.

Les bureaux pourront porter sur un seul nom toute leur puissance électorale.

En cas d'égalité de suffrage, l'élection est acquise au plus âgé.

Aucune élection de remplacement n'aura lieu, sauf pour le Président, que lorsqu'il y aura trois vacances dans l'ensemble des fonctions du bureau (*Art. 5 et 6 mod.*)

ART. 16. — L'élection du bureau général étant terminée, le Président fera connaître au Président de la République, et à l'autre chambre, que l'Assemblée est constituée (art. *7.*)

ART. 17. — Dans les délibérations publiques et plénières de l'Assemblée, le bureau général a un vote, comme les bureaux simples, sauf pour les premières délibérations des projets de lois, et dans les scrutins d'élections le concernant. Mais il ne pourra prendre l'initiative d'aucun projet de loi, ni d'aucune interpellation. (art. *N.*)

CHAPITRE II

De la Vérification des Pouvoirs

—

Art. 18. — Le Président du bureau général fait connaître à l'Assemblée les procès-verbaux des élections.

Les membres dont les élections ne sont pas contestées, sont déclarés admis par le bureau général. Les autres élections sont renvoyées aux bureaux; ils se prononceront, par la question préalable sur les contestations, qui ne paraîtront pas mériter une certaine considération ; la chambre statuera, sans débats sur l'admission ou le rejet des élus.

Les procès-verbaux des élections restant contestées sont renvoyés, par la Chambre, en vertu du principe de la séparation des pouvoirs, à une haute Cour de justice, qui statuera, dans le délai d'un mois, soit provisoirement, soit définitivement.

Les membres dont les élections sont contestées exercent, dans leur plénitude, les fonctions législatives, et en ont toutes les pérogatives (*art. 8, 9 et 10 mod.*)

CHAPITRE III

Délibérations et votes simples dans les bureaux

Délibérations et votes collectifs des bureaux dans l'Assemblée

—

Art. 19. — Le Président envoie aux bureaux simples toutes les pièces relatives aux objets qui doivent y être discutés.

Par les soins de la questure, il est mis à la disposition des bureaux, des locaux, où dans des cases particulières, fermant à clef, sont conservés jusqu'à la fin des travaux, les procès-verbaux et pièces communiqués. (*art. 24.*)

Art. 20. — Toutes les propositions de lois, les interpellations et les questions sont remises au bureau général, en séance publique.

Le Président consulte l'Assemblée sur l'urgence, quand elle est demandée.

Si l'urgence est prise en considération, l'Assemblée se retire dans ses bureaux, à la clôture de la séance publique.

Le vote des bureaux ne peut avoir lieu, en séance publique, que le lendemain, sur l'urgence. (*art. 62 et 86 mod.*)

Art. 21. — Si l'urgence est repoussée par les bureaux, la discussion ne peut s'y ouvrir que 20 jours, au plus tôt, après la distribution des projets de lois, propositions, interpellations ou questions (*art. 62 mod.*)

Art. 22. — Les Commissaires du Gouvernement, et les délégués du bureau qui auront pris l'initiative d'une proposition, ont le droit d'être entendus dans tous les bureaux. Ils sont invités à s'y rendre avant le dépôt des rapports définitifs. (*art. 27 mod.*)

Art. 23. — Les votes des bureaux simples sont remis au Président de l'Assemblée par leurs Présidents, avec le nom du rapporteur définitif, et celui de l'orateur, chargés par chaque bureau de soutenir son opinion.

Les orateurs, délégués pour soutenir la même opinion, peuvent s'entendre pour se partager la discussion ; ils peuvent même donner mission, à un seul d'entre eux, de soutenir l'opinion qui leur est commune. (*art. N.*)

Art. 24. — La discussion et le vote, en séance plénière, sont toujours publics, à moins que l'Assemblée, sur la demánde écrite de la majorité absolue des bureaux, ne décide de se transformer en comité secret. (*art. 45 mod.*).

Art. 25. — Après la discussion publique, les votes des bureaux simples sont recueillis par leurs Présidents, dans leurs locaux respectifs, et remis au Président de l'Assemblée, qui les proclame en séance publique (*art. N.*).

Art. 26. — Quelle que soit la résolution de l'Assemblée, son vote est renvoyé au Bureau général, qui, pour les cas d'urgence, délibèrera le lendemain, en séance secrète, et fera rapport, le surlendemain, aux deux commissions ci-après constituées (*art. N.*)..

Art. 27. — Les Présidents des bureaux simples se constituent, immédiatement après la première délibération, en deux commissions de rédaction, présidées, chacune par son doyen d'âge, auxquelles le bureau général fera rapport, et qui chercheront avec lui un terrain d'entente, pour une rédaction définitive (*art. N.*).

Art. 28. — Les bureaux simples délibéreront, dans leurs locaux respectifs, sur le rapport du bureau général, soit sur la rédaction définitive arrêtée par entente du bureau général et des deux commissions ci-dessus, soit à défaut d'entente, sur le texte adopté, en première délibération, par la majorité absolue des bureaux simples. (*art. N.*)

Art. 29. — Une seconde délibération publique et plénière a lieu en Assemblée générale. Mais elle ne peut s'ouvrir, en cas d'urgence, que cinq jours après la clôture de la première, et, dans les cas ordinaires, vingt jours après. (*art. N.*)

Art. 30. — Le Président clôt les débats et recueille les votes.

Lors de la seconde délibération, le bureau général a son orateur et un vote propre qui est remis, au Président de l'Assemblée, par un des Vice-Présidents, et est supputé comme vote de bureau simple.

La majorité absolue des bureaux est nécessaire, pour l'adoption de toute résolution.

En cas d'égalité des votes, la voix du bureau général est prépondérante. (*art. N.*)

CHAPITRE IV

De la Tenue des Séances

—

Art. 31. — Le Président de l'Assemblée ouvre la séance ; il dirige les délibérations, fait observer le règlement, et maintient l'ordre (*art. 29*).

Art. 32. — Les secrétaires surveillent la rédaction du procès-verbal.

À l'ouverture de chaque séance, un d'eux donne lecture du procès-verbal de la précédente séance.

Le procès-verbal adopté par l'Assemblée, est signé par le Président ou le Vice-Président qui a présidé, et par deux secrétaires au moins (*art. 30 mod.*).

Art. 33. — Avant de passer à l'ordre du jour, le Président donne connaissance à l'Assemblée des communications qui la concernent (*art. 31*).

Art. 34. — Les pièces communiquées à l'Assemblée sont déposées sur le bureau, et l'Assemblée peut en ordonner l'impression, si elle le juge utile (*art. 32*).

Art. 35. — Aucun orateur ne peut parler, qu'après avoir demandé la parole au Président, et l'avoir obtenue.

L'orateur parlera à la tribune, à moins que le Président ne l'autorise à parler de sa place (*art. 33*).

Art. 36. — Les secrétaires inscrivent les orateurs, pour la parole, suivant leur demande, ou l'ordre qui leur est indiqué par le Président.

L'inscription ne peut se faire, en seconde délibération, qu'après le dépôt du rapport du bureau général (art. 34 mod.).

Art. 37. — Le Président donne alternativement la parole à des orateurs, qui parleront pour, et à des orateurs qui parleront contre (art. 35).

Art. 38. — Les Ministres, les Commissaires du Gouvernement, ne sont point assujettis à l'ordre d'inscription, et obtiennent la parole, quand ils la réclament (art. 36).

Art. 39. — Un orateur, soit d'un bureau simple, soit du bureau général, peut toujours obtenir la parole, après un orateur du Gouvernement (art. 37).

Art. 40. — L'orateur doit se renfermer dans la question ; s'il s'en écarte, le Président l'y rappelle.

Aucun orateur ne peut obtenir la parole sur un rappel à la question (art. 38).

Art. 41. — Si l'orateur, rappelé deux fois à la question, dans le même discours, continue à s'en écarter, le Président consulte le Bureau général pour savoir si la parole ne sera pas interdite à l'orateur, pendant le reste de la séance, sur le même sujet.

La décision a lieu sans débat.

Le Bureau dont un orateur aura été privé de la parole, pourra le remplacer immédiatement par un autre de ses membres (art. 39 mod.).

Art. 42. — Aucun bureau simple ne peut avoir plus d'un orateur, outre son rapporteur, chargé de parler sur la même question. Chaque orateur ne peut parler plus de deux fois, à moins que le bureau général n'en décide autrement (art. 40 mod.).

Art. 43. — La parole n'est jamais accordée à aucun orateur pour un fait personnel.

Tout incident personnel est renvoyé au bureau général, qui statue, après la séance publique, en séance secrète, et fait connaître le lendemain sa décision à l'Assemblée (*art. 41 mod.*).

ART. 44. — Toute interruption, toute personnalité, toute manifestation, troublant l'ordre sont interdites (*art. 42*).

ART. 45. — La question préalable, c'est-à-dire la déclaration qu'il n'y a pas lieu à délibération publique, peut toujours être proposée.

Elle peut être motivée sommairement à la tribune par un orateur.

Un orateur du bureau contre lequel la question préalable sera demandée, sera entendu.

L'Assemblée prononcera sans débat (*art. 43 mod.*).

ART. 46. — Avant de prononcer la clôture de la discussion, le Président consulte l'Assemblée.

Si la parole est demandée contre la clôture, elle doit être accordée, mais elle ne peut l'être qu'à un seul bureau, et à un seul orateur.

S'il y a égalité de suffrages, la discussion continue.

La clôture prononcée, la parole n'est plus accordée que sur la position de la question (*art. 44 mod.*)

ART. 47. — L'Assemblée peut décider qu'elle se formera en comité secret.

Les demandes de comité secret, signées par les Présidents de trois bureaux, au moins, seront remises au Président; la décision est prise sans débat.

Dès que le motif qui a donné lieu au comité secret a cessé, la séance publique est reprise (*art. 45 mod.*)

ART. 48. — Le Président, avant de prononcer la clôture de la séance, consulte l'Assemblée sur le jour, l'heure et les objets de la discussion de la prochaine séance,

L'ordre du jour ainsi réglé, est affiché dans l'enceinte du palais, et publié au *Journal Officiel*, (art. 46).

CHAPITRE V

Des Votations

—

ART. 49. — L'Assemblée vote, au scrutin public, sur toutes les questions qui lui sont soumises, par bulletins, signés par les Présidents des bureaux *(art. N.)*

ART. 50. — En matière d'élections, soit du bureau général, soit des délégations extérieures de l'Assemblée, les bulletins seront remis au Président, sans être signés *(art. 47, 48 mod.)*

ART. 51. — Le vote est obligatoire pour les bureaux. Il a lieu par oui, non ou bulletin blanc. Les bulletins blancs ne comptent pas, pour la supputation de la majorité absolue *(art. 49 mod.)*

———

Tous les articles qui suivent, dans le règlement du 31 mai 1876 sont purement disciplinaires ou administratifs ; ils sont sans effet d'ailleurs sur les votes publics de l'Assemblée, il serait inutile de les examiner ici. Les articles nouveaux ou anciens modifiés qui précèdent, suffisent pour permettre de se rendre compte de l'économie générale du projet, sur lequel j'ai cru pouvoir appeler l'attention et la discussion.

Je relaterai toutefois, en finissant, un article du règlement de 1876, parce qu'il est conçu dans le même ordre d'idées que les art. 26 et 27 ci-dessus ; c'est l'article 129.

Art. 129. — Lorsqu'un projet de loi voté par le Sénat, a été modifié par la Chambre des Députés, le Sénat peut, ou mettre de nouveau le projet en délibération, ou le soumettre aux bureaux, ou le renvoyer à une autre commission.

Il peut également, sur la proposition d'un de ses membres, décider *qu'une commission sera chargée, d'entrer en conférence avec une commission de la Chambre des Députés, à l'effet de s'entendre sur un texte commun.*

Le Sénat donne les pouvoirs à cet effet, à une commission de onze membres, élus au scrutin de liste.

Cet article depuis 1876, est resté lettre morte, à cause du rôle dominateur que la Chambre a affecté de prendre, et du rôle effacé, misérablement subi par le Sénat. S'il avait été virilement appliqué, il aurait, vraisemblablement, prévenu bien des fautes, dont le pays a souffert.

SYNTHÈSE

Les Assemblées politiques doivent être, pour les nations constituées, l'image de ce qu'est le cerveau pour l'individu : des creusets d'élaboration d'idées, personnelles, mais concrètes, et susceptibles de devenir impersonnelles.

Le cerveau ne peut remplir sa fonction, que quand les deux lobes sont maintenus en équilibre, l'un par l'autre, et par le cervelet.

Les Assemblées politiques doivent, par analogie, se constituer en deux grands groupes, majorité, minorité, homogènes, contrastants et solidaires, dépourvus de toute personnalité propre, tenus en équilibre, par l'action de leur bureau général, complexe.

Dans le régime parlementaire simple, le bureau général n'est qu'un embryon incomplet, insuffisant pour faire un équilibre stable, entre les grands groupes anonymes, confus encore et mal agencés, d'ailleurs sans solidarité organique entre eux, de majorité et de minorité.

Mais le parlementarisme simple, se désagrège partout, spécialement en France, sous le mépris public.

Il ne devait servir, transitoirement, qu'à préparer, par ses lacunes et ses incohérences même, l'avènement d'une phase historique, moins confuse, moins impuissante, et moins douloureuse, où ses vices, aujourd'hui évidents, seront corrigés.

L'avènement de cette phase s'annonce, de nos jours, comme prochaine, à raison de la répulsion même, que le parlementarisme simple inspire. Elle permettra d'inaugurer, en politique, conformément à l'Evangile, et grâce à la loi de la solidarité et de la balance des contrastes, la justice et la loyauté, dans les élections, par la représentation proportionnelle, et l'impersonnalité, dans les lois, par l'anéantissement méthodique et volontaire, de l'individualisme simple et personnel des hommes, et de l'individualisme simpliste et anonyme des groupes humains, dans les Assemblées.

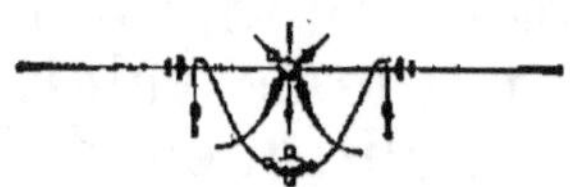

GUINGAMP, IMP. PIERRE LE GOAZIOU, PLACE DU CENTRE, 39. 1896